NIVEL 4

PIANO
Adventures® *de Nancy y Randall Faber*
EL MÉTODO BÁSICO PARA PIANO

Este libro pertenece a: _____

Traducido y editado por Isabel Otero Bowen
y Ana Cristina González Correa

Agradecimiento a Mintcho Badev
Coordinador de producción: Jon Ophoff
Portada e ilustraciones: Terpstra Design, San Francisco
Grabado y tipografía: Dovetree Productions, Inc.

ISBN 978-1-61677-674-9

ÍNDICE

Haz un seguimiento de tu progreso: colorea o
pega una estrella al lado de cada pieza o ejercicio.

¡Prepárate para comenzar!
(repaso del Nivel 3)

- Escribe el **signo de compás** correspondiente a cada ejemplo: $\frac{2}{4}$ $\frac{3}{4}$ $\frac{4}{4}$
- Toca cada ritmo usando el acorde indicado.

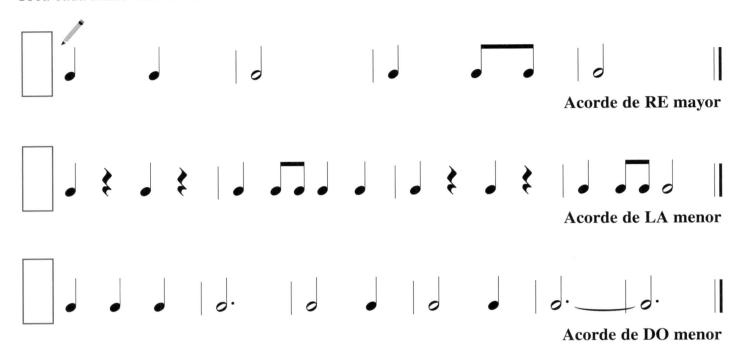

Acorde de RE mayor

Acorde de LA menor

Acorde de DO menor

LECTURA

- Identifica cada intervalo como una **2.ª**, **3.ª**, **4.ª** o **5.ª**.
- Escribe los nombres de las notas debajo de cada intervalo.

Ej.   5.ª

DO   SOL

- Escribe los nombres de las notas correspondientes a cada escala de 5 dedos. Incluye ♯ o ♭ si es necesario. Escribe "**T**" debajo de la **tónica** y "**D**" debajo de la **dominante**.

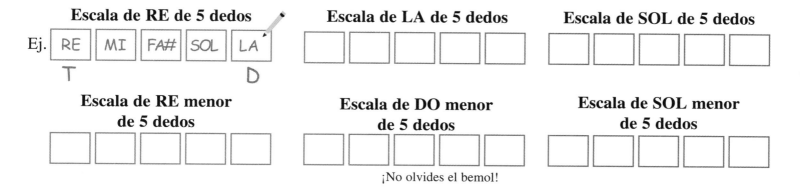

Escala de RE de 5 dedos

Ej. | RE | MI | FA# | SOL | LA |
T ... D

Escala de LA de 5 dedos

Escala de SOL de 5 dedos

Escala de RE menor de 5 dedos

Escala de DO menor de 5 dedos

¡No olvides el bemol!

Escala de SOL menor de 5 dedos

- Identifica cada acorde o escala **mayor** o **menor** de 5 dedos.

Ej. SOL menor

- Conecta con una línea cada término o símbolo con su significado.

andante

allegro

frase

f, *mf*, *mp*, *p*

♮

- rápido y vivo

- cada vez más fuerte

- indicación de pedal

- "caminando"

- una idea o pensamiento musical

- cancela un sostenido o un bemol

- cada vez más suave

- matices

La familia de DOs

La **línea adicional** (o **suplementaria**) es una línea corta que se añade arriba o abajo del pentagrama para escribir las notas que no caben en él, porque son muy graves o muy agudas.

> El **DO Agudo** se escribe en la segunda línea adicional *arriba* del pentagrama de la clave de SOL.

- Dibuja las líneas adicionales para el **DO Grave**, el **DO Central** y el **DO Agudo**.
- Toca cada DO en el piano y di su nombre. Usa el dedo 3 de cada mano.

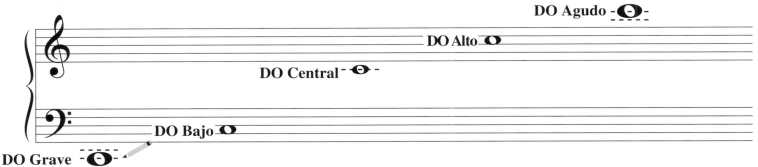

> El **DO Grave** se escribe en la segunda línea adicional *abajo* del pentagrama de la clave de FA.

Pistas técnicas:

- Usa el peso de tu brazo para "caer" hasta el fondo de cada tecla.
- Deja que tu mano se eleve suavemente entre una nota y otra, como si fuera un astronauta caminando sobre la luna.

Caminando sobre la luna

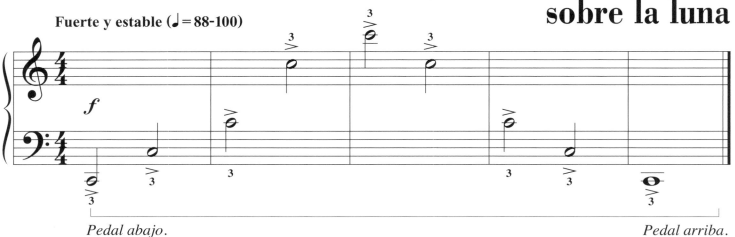

Fuerte y estable ($\quarternote$ = 88-100)

Pedal abajo. *Pedal arriba.*

DESCUBRIMIENTO

Toca *Caminando sobre la luna* en las notas **RE**.

Repaso:

Este símbolo es un **calderón**.
Significa que hay que sostener esta
nota más tiempo de lo normal.

**Presiona el pedal de resonancia
durante toda la pieza.**

Como un sueño

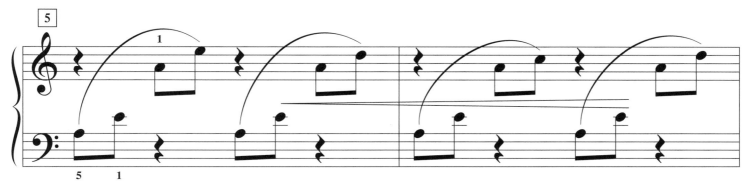

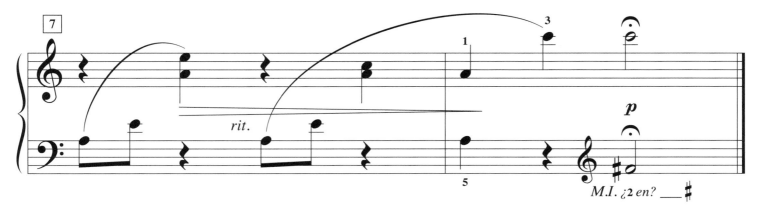

DESCUBRIMIENTO

¿Esta pieza comienza en **LA mayor** o en **LA menor**?

El *rock and roll* pirata

Rock moderado (♩ = 126-144)

¡Bai - la!   ¡Bai - la!   Bai - la co-mo un___ pi -

ra - ta.   ¡Bai - la!   ¡Bai - la!

Bai - la co-mo un___ pi - ra - ta.   ¡Jo,   jo!

Repite con la M.D.
1 octava más alto.

¡Ja,   ja!   Bai - la co-mo un___ pi - ra - ta.

C R E A C I Ó N   ¿Puedes inventarte otro ritmo para la **M.D.** en los *compases 9–10*?

¡Encuentra los DOs!

1. Encierra en círculos todas las **notas DO** en el siguiente sistema. ¡Fíjate en las líneas adicionales!

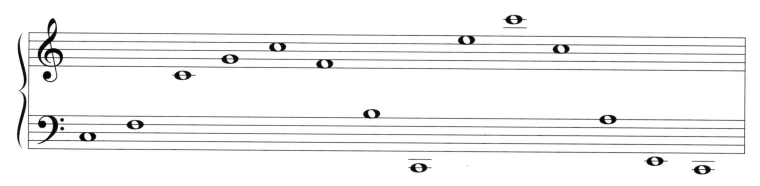

Ritmos piratas

2. • Escribe "**1 y 2 y 3 y 4-tro**" debajo de las notas correspondientes en cada uno de los ritmos.

• Marca el ritmo y cuenta en voz alta junto con tu profesor (di: "un y dos y tres y cua-tro").

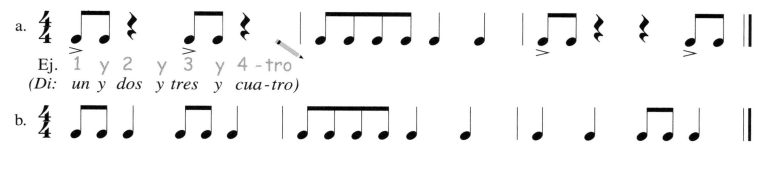

3. ¿Puedes marcar el **ritmo A** mientras tu profesor marca el **ritmo B**?
¡Intenten también otras combinaciones!

4. Ahora escribe tu propio ritmo de **corcheas** en 4/4. Los ritmos anteriores te darán algunas ideas.
Escribe el conteo debajo. Luego marca el ritmo con las palmas y cuenta en voz alta.

Sonidos de la fábrica de gomitas

Presta atención: Recuerda que *tempo* significa velocidad. ¿Puedes tocar esta pieza con el metrónomo en ♩ = 80?

CREACIÓN Crea tus propios "sonidos de gomitas". Comienza con la M.I. tocando el patrón repetido. Luego añade la M.D. usando notas de la **escala de DO de 5 dedos.** ¡Diviértete!

Técnica e interpretación, páginas 9, 10–11

Intervalos de gomitas

- Escribe puntos de *staccato* arriba o abajo de la cabeza de cada nota.

- Luego escribe los nombres de los intervalos: **2.ª**, **3.ª**, **4.ª**, **5.ª** u **8.ᵛᵃ** (octava).
  No olvides contar todas las líneas y espacios, incluyendo la *primera* y la *última* nota.

Ej. _2.ª_

Tu profesor tocará ejemplos musicales usando los **cinco DOs** del sistema para piano.
Encierra en un círculo la respuesta correcta: **a** o **b**.

Arpegios con cruce de manos

Mayores y menores

La palabra *"arpegio"* proviene de "arpa". Para tocar un *arpegio,* toca las notas de un acorde una tras otra hacia arriba o hacia abajo en el teclado.

- Practica estos arpegios con cruce de manos hasta que los puedas tocar con facilidad y fluidez.

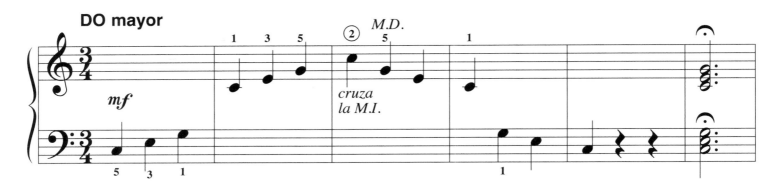

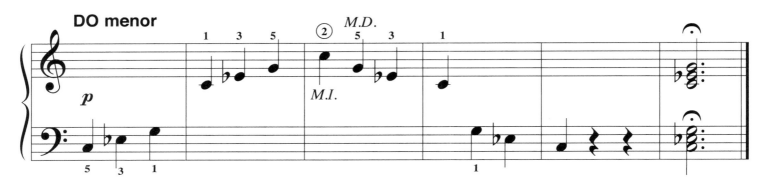

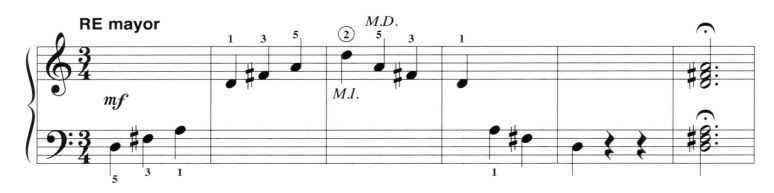

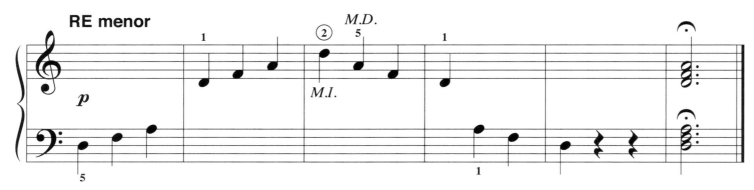

DESCUBRIMIENTO

Toca arpegios con cruce de manos usando estos acordes **mayores** y **menores**.

SOL - SOL menor ☐   **LA - LA menor** ☐

a tempo — volver a la velocidad (*tempo*) original.

- Encuentra y encierra en círculos las dos indicaciones de *a tempo* en esta pieza.

El jinete español

Técnica e interpretación, páginas 12–15

Toca con AMBAS MANOS 1 octava MÁS BAJO hasta el fin.

Acordes y arpegios españoles

Identificación de tonalidades mayores y menores

Para cada ejemplo:

- Escribe el **nombre del acorde**, incluyendo *mayor* o *menor*.

- Escribe los nombres de las tres notas del acorde en los espacios.
  Puedes tocar el ejemplo para comprobar si lo hiciste correctamente.

a.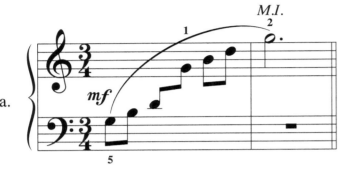

b.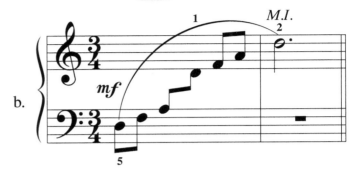

Ej. acorde: ___SOL mayor___

nombres de
las notas: ___SOL___ ___SI___ ___RE___

acorde: _____

notas: _____ _____ _____

c.

d.

acorde: _____

notas: _____ _____ _____

acorde: _____

notas: _____ _____ _____

e.

f.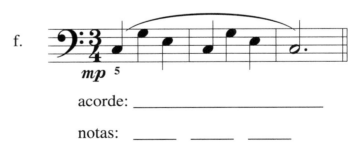

acorde: _____

notas: _____ _____ _____

acorde: _____

notas: _____ _____ _____

g.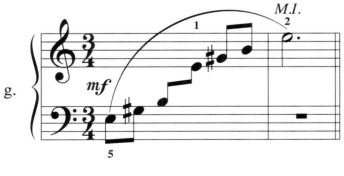

h.

acorde: _____

notas: _____ _____ _____

acorde: _____

notas: _____ _____ _____

Finales arpegiados

Puedes usar un arpegio para un final especial, incluso si no está escrito en la partitura.

- Lee a primera vista cada uno de los ejemplos, añadiendo un **arpegio con cruce de manos**, ¡para un final espectacular!

- Cuenta un compás "al aire" antes de empezar.

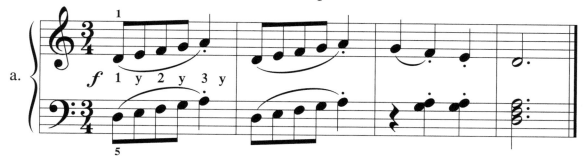

a.

Añade un arpegio de **RE menor** con cruce de manos.

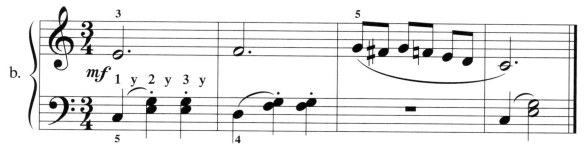

b.

Añade un arpegio de **DO mayor** con cruce de manos.

Tu profesor tocará arpegios **mayores** o **menores**.
Encierra en círculos las respuestas correctas.

1. mayor	2. mayor	3. mayor	4. mayor	5. mayor	6. mayor
o	o	o	o	o	o
menor	menor	menor	menor	menor	menor

Nota para el profesor: use el pedal en todos los ejemplos. Repítalos varias veces cambiando el orden.

17

El intervalo de sexta (6.ª)

Nuevo: el intervalo de **6.ª** abarca 6 teclas blancas y 6 notas diferentes.

- Escribe el nombre de nota correcto en cada uno de los teclados abajo.
- Luego encuentra y toca cada una de las sextas en el piano.

Una 6.ª arriba

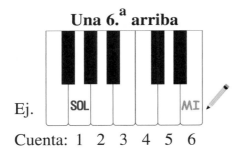

Ej.   SOL   MI

Cuenta: 1 2 3 4 5 6

Una 6.ª arriba

FA

Una 6.ª abajo

SI

En el pentagrama una 6.ª va:

de una **línea** a un **espacio**   o   de un **espacio** a una **línea**

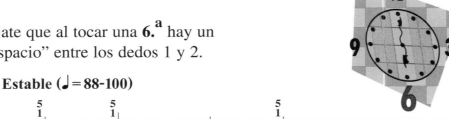

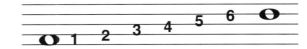

- Fíjate que al tocar una **6.ª** hay un "espacio" entre los dedos 1 y 2.

La sexta hora

Estable (♩=88-100)

mueve el dedo 5   mueve el pulgar   mueve el pulgar   mueve el dedo 5

DESCUBRIMIENTO Toca *La sexta hora* empezando en una quinta FA-DO.

M.I.    M.D.

El tren de carga

Presta atención: Primero toca con manos separadas para calentar.
¿Tu muñeca está relajada y flexible?

1ra y 2da casilla

```
|1.           ||2.
```

- Toca la **primera casilla** y repite desde el comienzo.
- Luego toca la **segunda casilla**, saltándote la primera.

De colores

Tradicional

Vivo

De _____ co - lo - res, de co - lo - res se

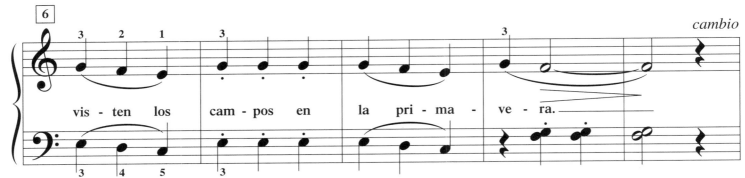

cambio

vis - ten los cam - pos en la pri - ma - ve - ra.

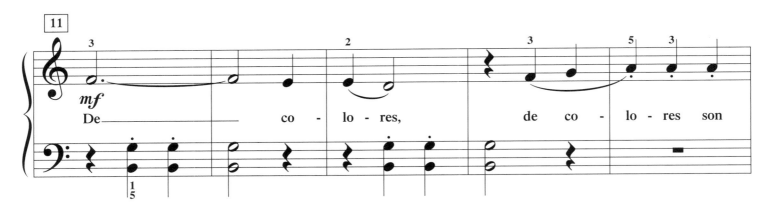

De _____ co - lo - res, de co - lo - res son

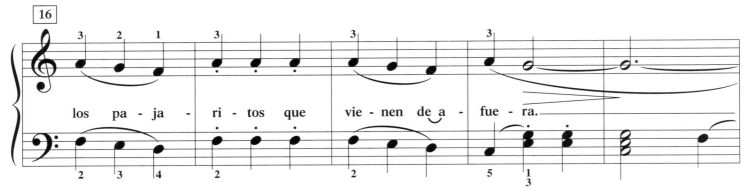

los pa - ja - ri - tos que vie - nen de a - fue - ra.

Técnica e interpretación, páginas 18–19

Señala dos **sextas** *diferentes* en esta canción.

Sextas en el teclado

1. • Sombrea la tecla que está una **6.ª arriba** o una **6.ª abajo** de la tecla marcada con una X.

• Luego escribe los nombres de ambas teclas.

una 6.ª arriba 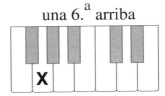 una 6.ª abajo  una 6.ª arriba

_____ _____ _____

Sextas en el pentagrama

Recuerda: para escribir una 6.ª en el pentagrama debes contar todas las líneas y todos los espacios, incluyendo la *primera* y la *última* nota.

Ej.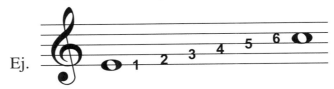

2. • En cada ejemplo, dibuja la nota que está una **6.ª arriba** o una **6.ª abajo** de la nota escrita.

• Luego escribe los nombres de ambas notas.

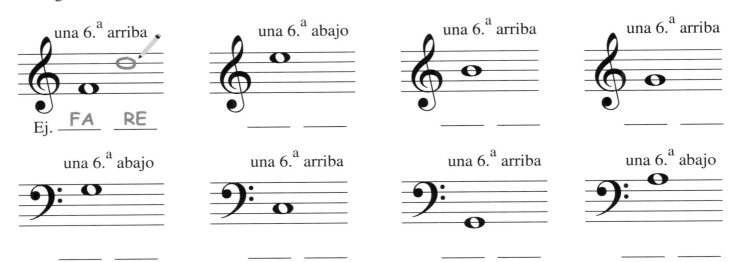

una 6.ª arriba   una 6.ª abajo   una 6.ª arriba   una 6.ª arriba

Ej. __FA__ __RE__   _____   _____   _____

una 6.ª abajo   una 6.ª arriba   una 6.ª arriba   una 6.ª abajo

_____   _____   _____   _____

Melodía con sextas

3. • Escribe una melodía usando el siguiente ritmo (incluye por lo menos dos **sextas**):

Ritmo:

• ¡Ahora toca tu melodía!

Vagones con sextas

- Encierra en círculos todas las **6.**^{as} que hay en los vagones y escribe sus nombres debajo.

- Dibuja una X sobre cada intervalo que *no* es una 6.ª. Luego escribe el nombre correcto del intervalo debajo del vagón: **2.**^a, **3.**^a, **4.**^a, **5.**^a u **8**^{va} (octava).

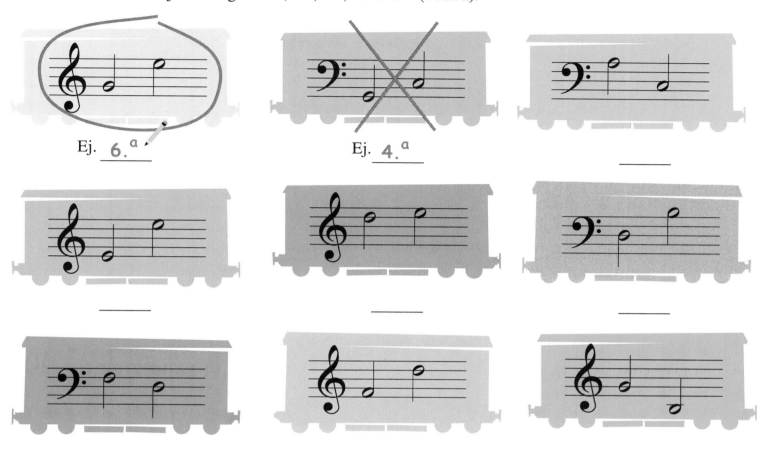

Ej. **6.**^a   Ej. **4.**^a

Tu profesor tocará una **5.**^a o una **6.**^a. Encierra en un círculo el nombre del intervalo que oyes.

Pista: Las **5.**^{as} tienen un sonido vacío y abierto, como el comienzo de *Estrellita*.

Pista: Las **6.**^{as} tienen un sonido agradable y armonioso, como el comienzo de *Allá en el rancho grande*.

1. 5.ª	2. 5.ª	3. 5.ª	4. 5.ª	5. 5.ª
o	o	o	o	o
6.ª	6.ª	6.ª	6.ª	6.ª

Nota para el profesor:
Los ejemplos se pueden tocar en cualquier orden y repetir varias veces.

23

La escala de DO mayor

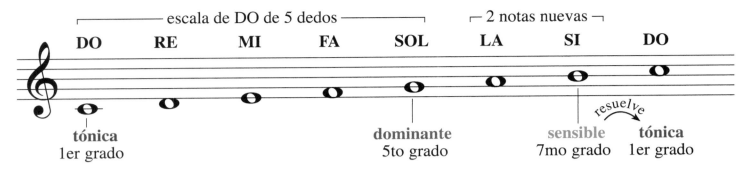

La escala de DO mayor es la misma escala de DO de 5 dedos con dos notas más: LA y SI.

• En una escala mayor, ¿se usan todas las siete notas musicales?

En la tonalidad de DO:
El 1er grado, **DO**, es la **tónica**.
El 5to grado, **SOL**, es la **dominante**.
El 6to grado, **LA**, está un tono arriba de la dominante.
El 7mo grado, **SI**, es la **sensible**. Está un semitono abajo de DO y quiere resolver en DO, la tónica.

• Toca la tónica, la dominante y la sensible en el piano.

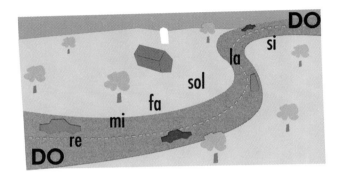

1. Mapa de la tonalidad de DO

• Toca y canta con tu profesor.

2. El pulgar viajero
Movimiento contrario

• Toca primero con manos separadas, luego con ambas manos.

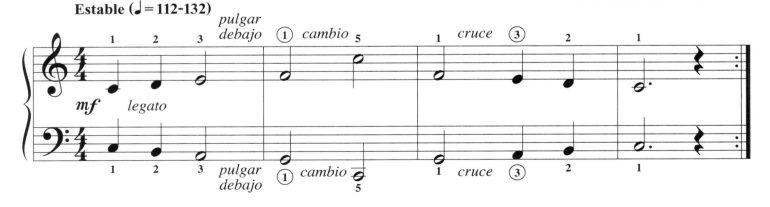

DESCUBRIMIENTO Tu profesor te dirá: "En DO mayor, toca la **tónica** en el registro alto", o "toca una **dominante** grave", o "toca la **sensible**", etc.
Tócalas en el piano lo más pronto que puedas.

- **¡Memoriza** la digitación!

3. Una mano, 8 dedos

Estable

Por de - ba - jo suave - men - te, lue - go ba - jo y cru - zo al DO.

5

Voy cru - zan - do por a - rri - ba, por de - ba - jo y lle - go al DO.

Opcional: ♩ = 80 ____ ♩ = 104 ____ ♩ = 138 ____

4. Gran ejercicio de calentamiento en DO mayor

- Toca siete escalas de DO mayor comenzando en siete DOs *diferentes*, **subiendo** y **bajando**.

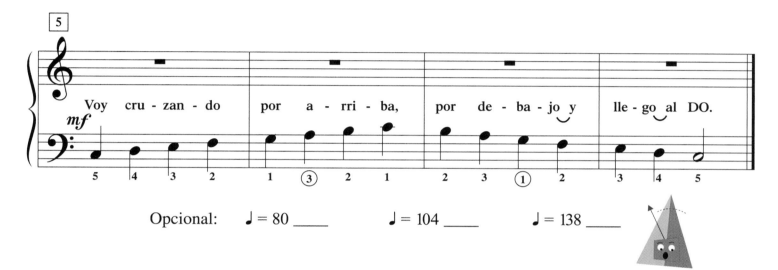

EL GRAN EJERCICIO DE CALENTAMIENTO ESCALA DE DO

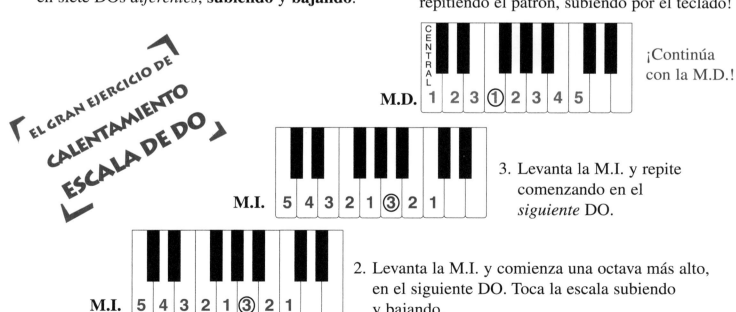

4. **Cambia a la M.D. en el DO Central.** ¡Sigue repitiendo el patrón, subiendo por el teclado!

¡Continúa con la M.D.!

M.D. 1 2 3 ① 2 3 4 5

3. Levanta la M.I. y repite comenzando en el *siguiente* DO.

M.I. 5 4 3 2 1 ③ 2 1

2. Levanta la M.I. y comienza una octava más alto, en el siguiente DO. Toca la escala subiendo y bajando.

M.I. 5 4 3 2 1 ③ 2 1

1. Con la **M.I.**, comienza en el DO MÁS BAJO y toca una escala de DO mayor *subiendo* y *bajando*.

Escucha y trata de mantener un pulso estable y un sonido parejo.

M.I. 5 4 3 2 1 ③ 2 1

SUBE
BAJA

D.C. al Fine

Da Capo significa "desde el comienzo" y a
menudo se escribe abreviado: *D.C.*
Fine significa "fin".
D.C. al Fine significa que hay que volver al
comienzo y tocar hasta el *Fine*.

- Encierra en círculos *Fine* y *D.C. al Fine* en esta pieza.

¡Soy el gato Jazz!

Tonalidad de DO mayor

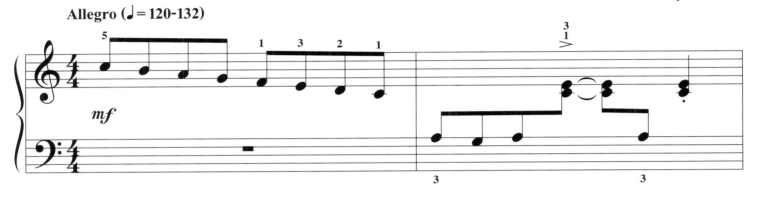

Acompañamiento para el profesor (el alumno toca *1 octava más alto*):

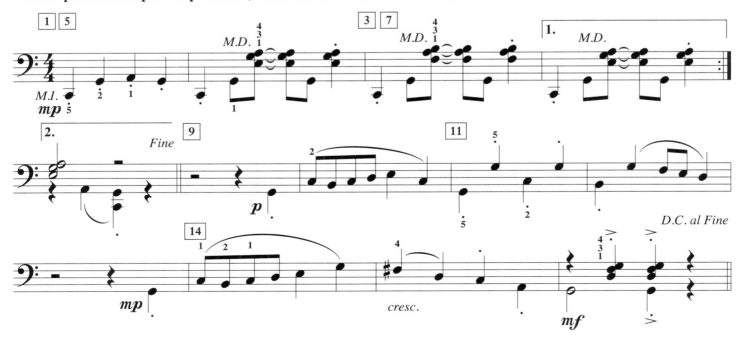

🐾Técnica e interpretación, páginas 20–21

Si puedes tocar con facilidad esta pieza en un *tempo* de ♩ = 132, tu profesor te puede pedir que toques el **primer movimiento** de la *Sonatina clásica* (página 52 del Libro de técnica e interpretación).

Construye la escala de DO mayor

La escala mayor completa tiene 7 intervalos (*tonos enteros* y *semitonos*).

MEMORIZA: los semitonos están entre los **grados 3-4** y **7-8**.
Todos los demás intervalos son tonos enteros.

∨ = semitono
⎣⎦ = tono

1. • Escribe una escala de DO mayor en cada clave. Escribe los números de los grados de 1 a 8.
   • Usa ∨ para señalar los *semitonos*. Usa ⎣⎦ para señalar los *tonos*.

grados: 1 ___ ___ ___ ___ ___ ___ ___

grados: 1 ___ ___ ___ ___ ___ ___ ___

2. • Recuerda: 1er grado = **tónica**   5to grado = **dominante**   7mo grado = **sensible**
   • Marca cada nota como **T** (tónica), **D** (dominante) o **S** (sensible).

¡Improvisemos en DO mayor!

3. Primero escucha cómo tu profesor toca el acompañamiento. Luego improvisa una melodía usando las notas de la escala de DO mayor en cualquier orden. Algunas ideas:

1. Toca por lo menos una redonda larga.

2. Toca notas repetidas sobre la *tónica*, la *dominante* y la *sensible*.

3. Inventa patrones musicales cortos y repítelos más alto o más bajo.

Acompañamiento para el profesor (el alumno improvisa en la escala de DO mayor):

Completa las melodías de los grandes compositores

Preguntas y respuestas en DO mayor

Pregunta: una pregunta musical puede terminar en cualquier nota *menos* en la tónica.

Respuesta: la respuesta *siempre* termina en la tónica.

Escribe una respuesta semejante

1. Una respuesta semejante comienza como la pregunta, luego cambia y termina en la tónica (DO).

Toca la pregunta del señor Beethoven.

**Ludwig van Beethoven
(1770–1827, Alemania)**
Escocesa

5 • Prueba muchas **respuestas semejantes** y luego escribe la que más te guste.

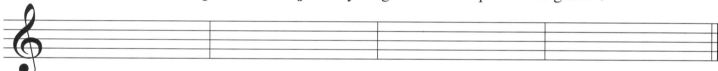

Escribe una respuesta contrastante

2. Una respuesta contrastante comienza de manera diferente a la pregunta y termina en la tónica (DO).

• Toca la pregunta del señor Haydn.

**Franz Joseph Haydn
(1732–1809, Austria)**
Sinfonía Londres

5 Prueba muchas **respuestas contrastantes** y luego escribe la que más te guste.

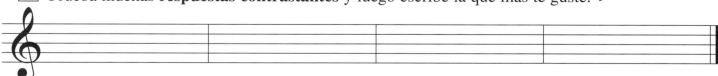

Acordes de I y V7 en DO mayor

En las lecciones anteriores aprendiste a tocar el acorde de V7 en DO mayor con 2 notas.
Para tocar un acorde de V7 de 3 notas debes añadir la *sensible* (un semitono debajo de la tónica).

• **Practica y memoriza estos acordes de I y V7.**

Cucú, cucú

Tradicional

Vivo

mp Cu — cú,   cu — cú,   can — ta — ba   la

ra — na.   Cu — cú,   cu — cú,   de — ba — jo   del

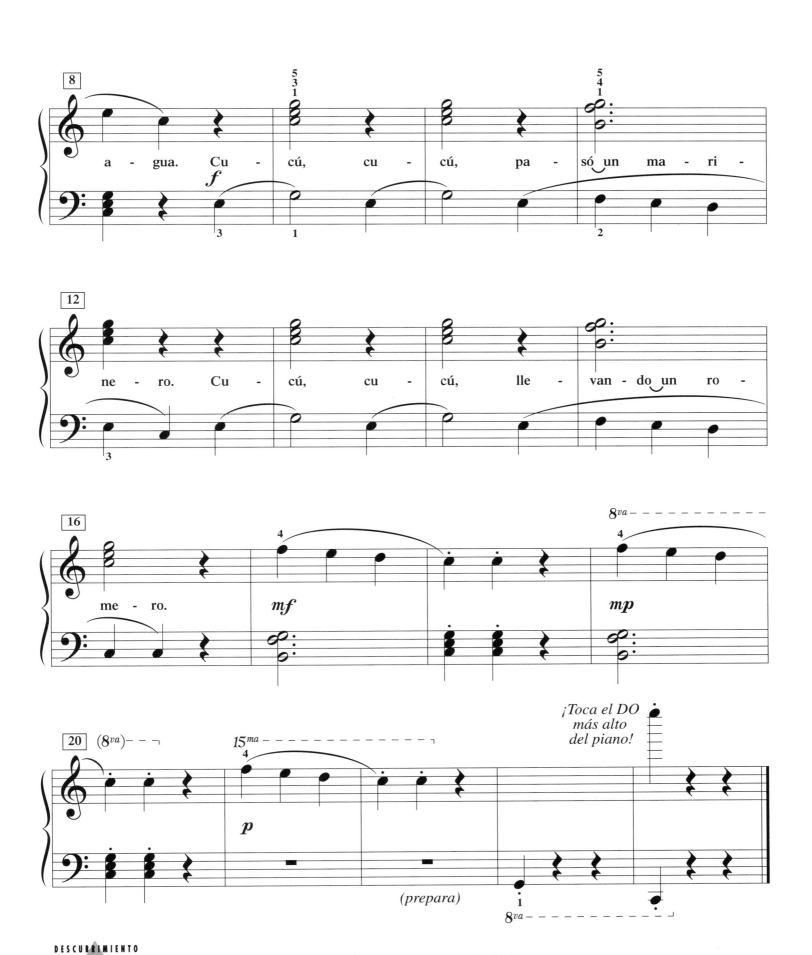

DESCUBRIMIENTO

¿En qué compás la M.I. empieza a tocar la melodía?

El patrón de acordes de vals: toca cada ejemplo cuatro veces como un ejercicio diario de acordes.

Acorde de I
(suave, suave)
5   1
     3

Acorde de V7
(suave, suave)
4   1
     2

Acorde de V7
(suave, suave)
5   1
     2

Los patinadores*

Émile Waldteufel
(1837–1915, Francia)
adaptación

Deslizándose suavemente (♩ = 116-132)

mp
(toca   sua - ve)
(toca   sua - ve,   toca   sua - ve)

(prepara)

mf

Fine

p

*título original en francés: Les Patineurs

Lectura de símbolos de acordes

- Con la M.I., toca estos acordes en DO mayor. Repítelos usando el patrón de acordes de vals.

I   I   V⁷   V⁷   I   V⁷   I   I

Armonización con los acordes de I y V7

Con los **acordes de I y V7** podemos *armonizar* una melodía. Toca y escucha cada ejemplo.

Reglas de armonía: usa el acorde de **I** para los grados 1-3-5.   Usa el acorde de **V7** para los grados 2-4-5.

* ¿Cuál de los grados de la escala aparece en ambos acordes? el grado _____

Armonización con acordes

* Primero toca la melodía con la M.D. Copia los *compases 5–8* en el último pentagrama.

* Luego escribe **I** o **V7** en cada cuadro.

* Toca la melodía con acompañamiento de acordes en la M.I.

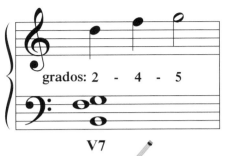

Paseo por el arroyo

Cornelius Gurlitt
(1820–1901, Alemania)

¡Copia los compases 5-8 para terminar la pieza!

Armonización con acordes

- Primero toca la melodía con la M.D.
- Luego escribe **I** o **V7** en cada cuadro (repasa la página 34).
- Toca la melodía con acompañamiento de acordes en la M.I. ¡Has *armonizado* la pieza!

El vals de los patinadores

Cornelius Gurlitt
(1820–1901, Alemania)

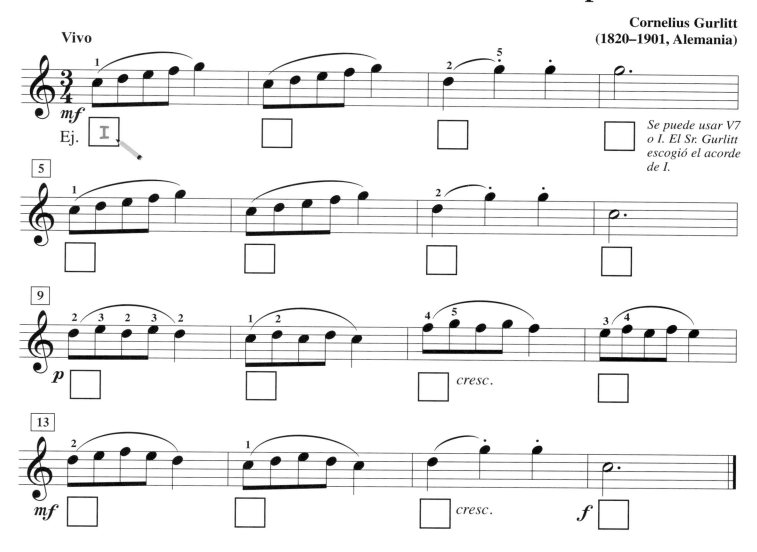

Se puede usar V7 o I. El Sr. Gurlitt escogió el acorde de I.

Armonización con el patrón de acordes de vals

- Acompaña la melodía de la M.D. con un **patrón de acordes de vals** en la M.I. Abajo aparece *armonizada* la primera línea de música. ¿Puedes *armonizar* el resto de la pieza?

La escala de SOL mayor

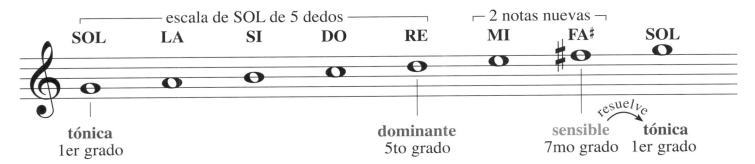

En la tonalidad de SOL:

El 1er grado, **SOL**, es la **tónica**.

El 5to grado, **RE**, es la **dominante**.

El 6to grado, **MI**, está un tono arriba de la dominante.

El 7mo grado, **FA♯**, es la **sensible**. Está un semitono abajo de SOL y quiere resolver en SOL, la tónica.

• Toca la tónica, la dominante y la sensible en SOL mayor.

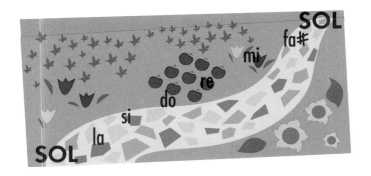

1. Mapa de la tonalidad de SOL

• Toca y canta junto con tu profesor.

2. El pulgar viajero

Movimiento contrario

• Toca primero con manos separadas, luego con ambas manos.

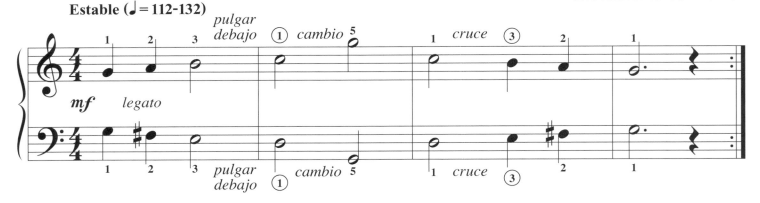

DESCUBRIMIENTO Tu profesor te pedirá que toques la **tónica**, la **dominate** o la **sensible** de SOL mayor. ¿Qué tan rápido lo puedes hacer?

• **¡Memoriza** las digitaciones!

3. Una mano, 8 dedos

Estable

mf Por de - ba - jo   sua - ve - men - te,   lue - go ba - jo y   cru - zo al SOL.

5

mf Voy cru - zan - do   por a - rri - ba,   por de - ba - jo y   lle - go al SOL.

Opcional: ♩ = 80 _____   ♩ = 104 _____   ♩ = 138 _____

4. Gran ejercicio de calentamiento en SOL mayor

• Toca seis escalas de SOL mayor comenzando en seis notas SOL *diferentes,* **subiendo** y **bajando**.

EL GRAN EJERCICIO DE CALENTAMIENTO ESCALA DE SOL

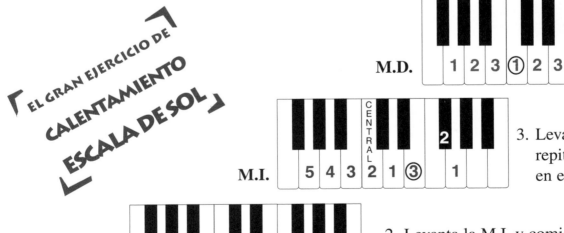

4. **Cambia a la M.D. en el siguiente SOL.**
   ¡Sigue repitiendo el patrón, subiendo por el teclado!

M.D. 1 2 3 ① 2 3 ⑤ **4** ¡Continúa con la M.D.!

M.I. 5 4 3 2 1 ③ 1 **2**

3. Levanta la M.I. y repite comenzando en el *siguiente* SOL.

M.I. 5 4 3 2 1 ③ 1 **2**

2. Levanta la M.I. y comienza una octava más alto, en el siguiente SOL. Toca la escala subiendo y bajando.

M.I. 5 4 3 2 1 ③ 1 **2**

1. Con la **M.I.**, comienza en el SOL MÁS BAJO y toca una escala de SOL mayor *subiendo* y *bajando.*

Escucha y trata de mantener un pulso estable y un sonido parejo.

← SUBE →
← BAJA

La armadura

Repaso: En la escala de SOL mayor hay un FA#.

Nuevo: En una pieza escrita en SOL mayor también se usaría FA# en vez de FA natural.
Para no escribir un sostenido antes de cada FA, se pone un sostenido (#) al comienzo
de cada pentagrama, en la línea donde se escribe la nota FA. Esto se llama **armadura**.

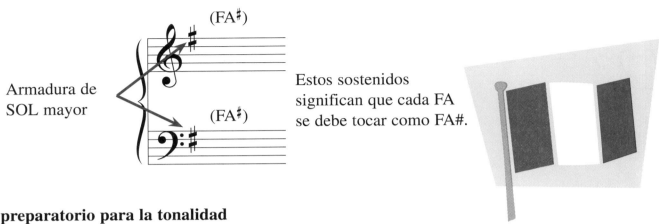

Armadura de SOL mayor

Estos sostenidos
significan que cada FA
se debe tocar como FA#.

¡Vive la France!

Ejercicio preparatorio para la tonalidad

• Comenzando en el *compás 5*, dibuja los **FA
sostenidos** al comienzo de cada línea de música.

Canción del folclor francés

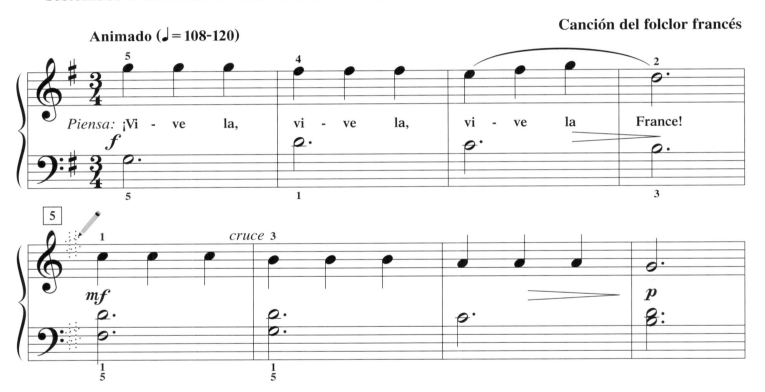

Acompañamiento para el profesor (el alumno toca *1 octava más alto*):

Técnica e interpretación, página 26

DESCUBRIMIENTO

Recuerda que **transponer** significa tocar la misma música en una tonalidad *diferente*.
¿Puedes transponer esta pieza a la tonalidad de **DO mayor**?
Leer los intervalos y oír cómo suenan te puede ayudar en la transposición.

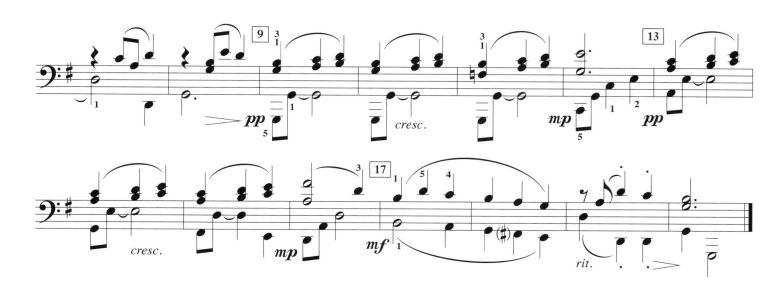

Construye la escala de SOL mayor

SE HABLA EL LENGUAJE DE LAS ESCALAS

1. Completa el texto escribiendo las palabras que faltan en los espacios (repasa la página 28).

La escala de SOL mayor contiene 7 intervalos (_____ y _____).

Los semitonos están entre los grados _____ y _____ y los grados _____ y _____ .

Todos los demás intervalos son _____ .

2. • Escribe una escala de SOL mayor en cada clave. Escribe los números de los grados de 1 a 8.

• Usa ∨ para señalar los *semitonos*. Usa ⌞⌟ para señalar *los tonos*.

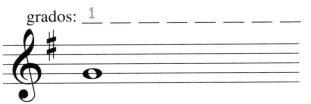

3. • En SOL mayor la **tónica** es _____ , la **dominante** es _____ y la **sensible** es _____ .

• Encierra en círculos las siguientes notas en cada ejemplo:

3 notas de tónica   1 nota de dominante   2 sensibles

¡Improvisemos en SOL mayor!

4. Primero escucha cómo tu profesor toca el acompañamiento. Luego improvisa una melodía usando las notas de la escala de SOL mayor en cualquier orden. Algunas ideas:

1. Comienza con varias blancas.

2. Toca notas repetidas sobre la *tónica*, la *dominante* y la *sensible*.

3. Inventa patrones musicales cortos y repítelos más alto o más bajo.

Ej. patrón en SOL   patrón en MI

Acompañamiento para el profesor (el alumno improvisa en el *registro agudo* en la escala de SOL mayor):

Completa las melodías de los grandes compositores

Preguntas y respuestas en SOL mayor

Repaso: **Pregunta**: una pregunta musical puede terminar en cualquier nota *menos* en la tónica.

Respuesta: la respuesta musical *siempre* termina en la tónica.

Escribe una respuesta semejante

1. Recuerda, una respuesta semejante comienza como la pregunta, luego cambia y termina en la tónica (SOL).

Johann Sebastian Bach
(1685–1750, Alemania)
Minuet

• Toca la pregunta del señor Bach.

⑤ • Prueba muchas **respuestas semejantes** y luego escribe la que más te gusta.

Escribe una respuesta contrastante

2. Recuerda, una respuesta contrastante comienza de manera diferente a la pregunta y termina en la tónica (SOL).

Ludwig van Beethoven
(1770–1827, Alemania)

• Toca la pregunta del señor Beethoven.

⑤ • Prueba muchas **respuestas contrastantes** y luego escribe la que más te guste.

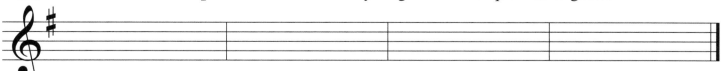

Acordes de I y V7 en SOL mayor

Para tocar un acorde de V7 de 3 notas debes añadir la *sensible* (un semitono debajo de la tónica).

- **Practica y memoriza estos acordes de I y V7.**

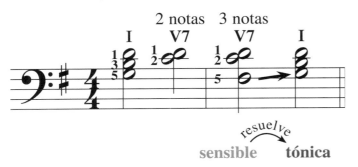

En esta pieza el profesor toca la *melodía* (la canción). El estudiante toca los acordes, o el *acompañamiento*.

Dueto de *Estrellita*

Tradicional

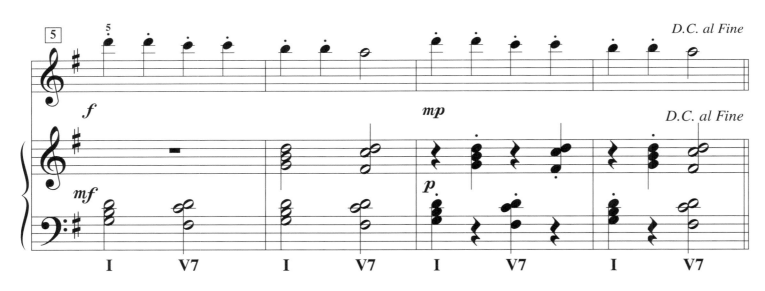

Lectura de símbolos de acordes en SOL mayor

- Toca este patrón de acordes en SOL mayor con cada mano: I V7 I V7 I

Técnica e interpretación, página 27

Alteraciones

Los bemoles y sostenidos que aparecen en la música,
pero *no* están en la armadura, se llaman **alteraciones**.
Los becuadros también son alteraciones.

¡Bum bum!

Tonalidad de _____ **mayor**

- Encuentra las alteraciones empezando en el *compás 9*.

Tradicional

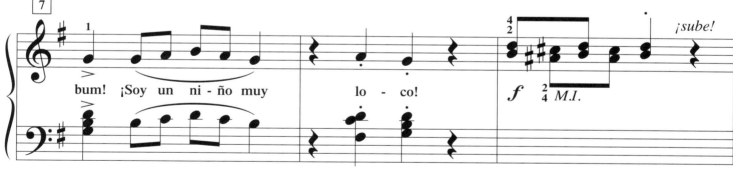

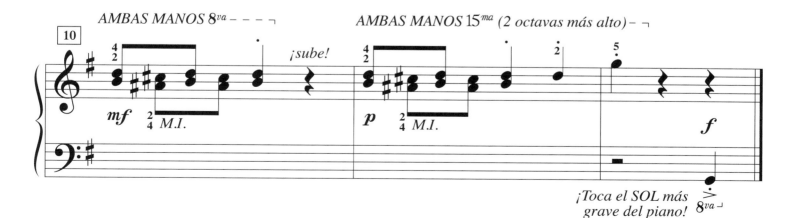

¡Toca el SOL más grave del piano!

La forma musical

La *forma* musical es la manera de organizar o estructurar la música.

La forma musical más sencilla es una sección de música seguida por otra:

     sección A seguida por **sección B**.

Normalmente cada una de estas secciones tiene signo de repetición.

Esta forma de dos partes, llamada **forma AB**, se puede representar así:

- Marca las secciones en los cuadros azules.

Sección ____

La carroza

Allegro moderato (♩ = 100-116)

mp

(co - rre, co - rre, co - rre, co - rre,

va, va, va, va, va, va, va) *mp*

p

Acompañamiento para el profesor (el alumno toca *1 octava más alto*):

Sección A

Toca la Sección A 4 veces.

M.D.

M.I. *p*

Sección ___

Transpón *La carroza* a la tonalidad de **DO mayor**.

Sección B

mp - p al repetir

rit.

Armonización con los acordes de I y V7 en SOL mayor

Recuerda, podemos *armonizar* una melodía con los **acordes de I y V7**. Toca y escucha cada ejemplo.

Reglas de armonía: usa el acorde de **I** para los grados 1-3-5.

Usa el acorde de **V7** para los grados 2-4-5.

melodía

grados: 1 - 3 - 5 - 3

armonía

I

melodía

grados: 2 - 4 - 5 - 4

armonía

V7

Armonización con acordes

- Primero toca la melodía con la M.D. ¿Dónde está la *alteración*?

- Luego, escribe **I** o **V7** en cada cuadro.

- Toca la melodía con acompañamiento de acordes en la M.I.

¡Viene la banda!

Vivo

mf

Ej. ☐ I

5

9

13

f

¡staccato!

Términos musicales

(repaso de las UNIDADES 1-5)

- Conecta cada término con su definición correcta.

línea adicional  mantén esta nota más tiempo de lo normal

tónica regresa a la velocidad original

a tempo la 7ma nota de una escala

calderón una línea corta abajo o arriba del pentagrama

dominante la primera nota de una escala

D.C. al Fine regresa al comienzo y toca hasta el *Fine*

sensible proviene de "arpa"

arpegio la quinta nota de una escala

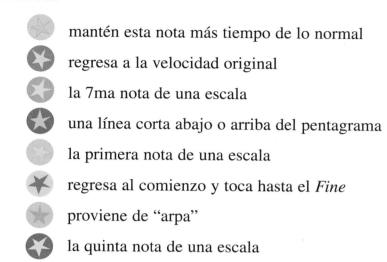

Sonidos de carroza

Escucha cómo tu profesor toca una melodía corta.
¿El ÚLTIMO acorde es **I** o **V7**? Encierra en un círculo la respuesta correcta.

Pista: el acorde de **I** suena conclusivo. El acorde de **V7** suena inquieto e incompleto.

1. acorde de I	2. acorde de I	3. acorde de I	4. acorde de I
o	o	o	o
acorde de V7	acorde de V7	acorde de V7	acorde de V7

Nota para el profesor: los ejemplos se pueden tocar en cualquier orden y repetir varias veces.

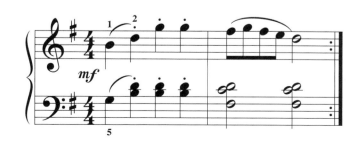

Más acerca del pedal de resonancia

Los pianos tienen 2 o 3 pedales.

El pedal derecho se llama **pedal de resonancia**.

El pedal de resonancia levanta los apagadores de las cuerdas y les permite seguir vibrando y resonando.

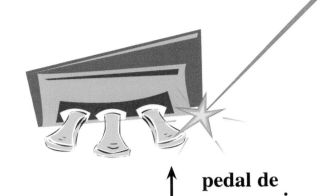

↑ **pedal de resonancia**

Tres reglas para el uso del pedal

1. Usa el pie derecho.   2. Mantén siempre el TALÓN EN EL PISO.

3. Los dedos y la parte delantera de tu pie deben descansar cómodamente sobre el pedal (tu profesor te puede mostrar cómo).

Ejercicios preparatorios para el pedal

1. Di las palabras en voz alta mientras haces este ejercicio de preparación. ¡Recuerda las tres reglas!

movimientos
del pie: Arriba, abajo, ten - lo   Arriba, abajo, ten - lo   Arriba, abajo, ten - lo   etc.

2. En la partitura estos movimientos del pedal se muestran con las indicaciones de pedal.
El _⋀_ te indica que debes levantar el pedal de resonancia y luego volver a presionarlo.

movimientos
del pie: Arriba, abajo, ten - lo   Arriba, abajo, ten - lo   Arriba, abajo, ten - lo   etc.

Cuatro consejos para practicar:

1. Primero toca la M.D. *sin* pedal.

2. Luego añade el pedal y di las palabras en voz alta mientras tocas. Observa que el pedal baja DESPUÉS del acorde.

3. Prepara el siguiente acorde de la M.D. durante los pulsos 3 y 4.

4. *Escucha* con atención y trata de lograr un sonido suave y conectado.

El poder del pedal

DESCUBRIMIENTO

Toca *El poder del pedal* con **ambas manos** (la M.I. toca el mismo acorde 1 octava más bajo).

Acompañamiento para el profesor:

Una nota nueva: LA en la segunda línea adicional

línea - espacio - línea

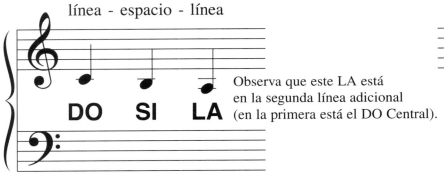

DO SI LA

Observa que este LA está en la segunda línea adicional (en la primera está el DO Central).

- Toca estas 3 notas en el piano diciendo sus nombres.

- Escribe los nombres de estas notas. ¡No mires las notas de la parte izquierda de la página! (puedes taparlas para no ver sus nombres).

Ejercicio de calentamiento para la M.D.

- *Escucha* y usa el pedal para conectar suavemente el sonido.

Fiesta en la playa

Moderado (♩=88-100)

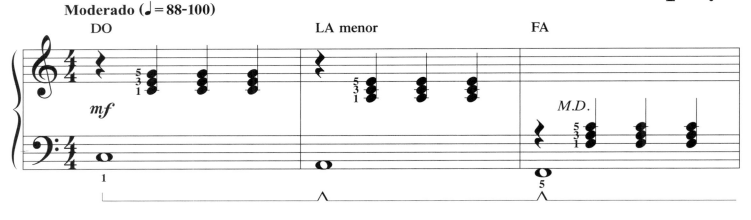

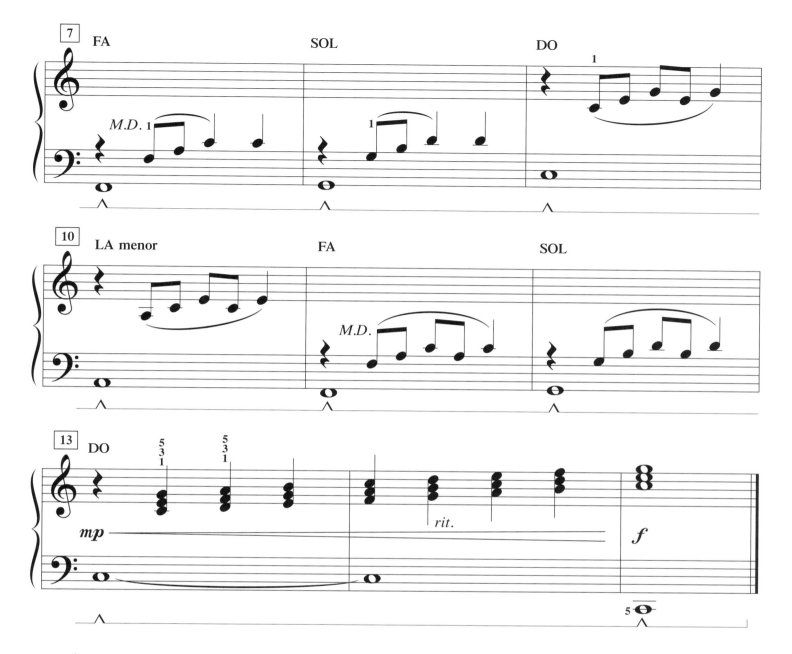

 CREACIÓN

1. Inventa tu propia versión de *Fiesta en la playa*. O…

2. Toca *Fiesta en la playa* lentamente, ¡usando **solamente la M.I.**!
(omite la última nota escrita para la M.I.).

Acompañamiento para el profesor:

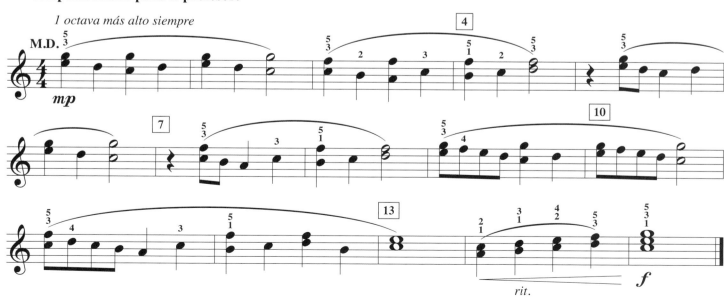

Más acerca de la forma musical

Recuerda, la *forma* musical es una manera de organizar la música.

Esta pieza tiene tres partes: **sección A**, **sección B** y la repetición de la **sección A**.

Esta forma se puede representar así:

A B A

Nota: cuando la sección A no se repite completa, o se repite con *pequeños* cambios, se puede marcar como **A**[1].

- Marca las secciones en los cuadros azules.

Volando con el viento

Libre, con expresión (♩ = 104-132)

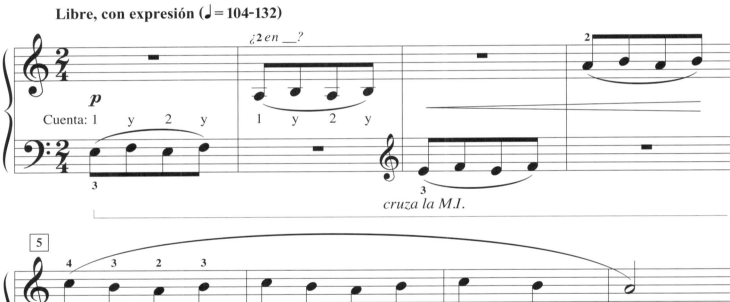

¿2 en __?

Cuenta: 1   y   2   y   1   y   2   y

cruza la M.I.

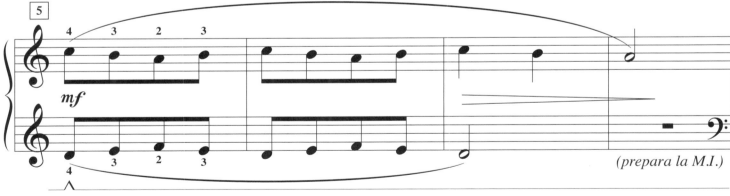

mf

(prepara la M.I.)

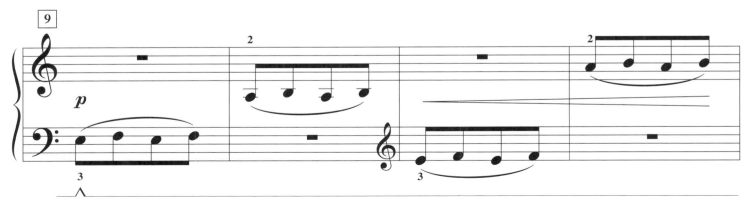

p

¿Esta sección es **A** o **A**^{1}?

♪ = ♪

El silencio de corchea ♪

corchea ♪ = medio tiempo

silencio de corchea ♪ = medio tiempo

- Marca este ritmo junto con tu profesor, contando en voz alta.
  Observa que cada tiempo está dividido en dos partes iguales.

Cuenta: un   y   dos   y   un   y   dos   y

- Ahora marca el ritmo en estos *tempos* diferentes: ♩ = 80   ♩ = 96   ♩ = 112

- Escucha cómo tu profesor toca los
  compases 5–6 en un *tempo* de ♩ = 132.

El *boogie* de las calabazas

Bailando (♩ = 112-132)

¡repite!

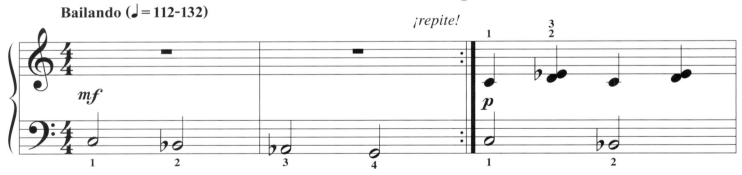

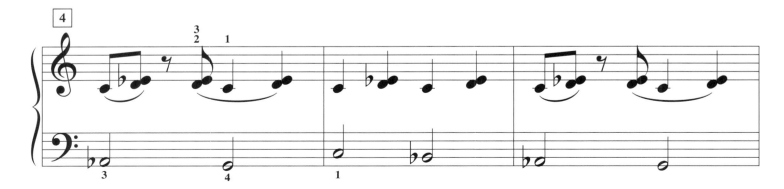

CREACIÓN **Dueto de improvisación *boogie*:** toca esta pieza mientras tu profesor improvisa en la octava más alta del piano usando la escala de 5 dedos de **DO menor**. Luego cambien de papeles: ¡improvisa tú!

Dibuja el silencio de corchea

1. Dibuja este silencio de corchea, y luego otros 5. ¡Encierra en un círculo el que más te guste!

Empieza
en el punto.

Ritmos de calabaza

2. • Encierra en círculos los tiempos de cada compás: 1, 2, 3 y 4.

• Luego marca y cuenta **1 y 2 y 3 y 4-tro** (*un y dos y tres y cua-tro*)
junto con tu profesor.

a.

Ej. 1 y 2 y 3 y 4-tro

b.

Copia los ritmos

3. Copia las indicaciones de compás y los patrones rítmicos.

¡cópialos!

a.

b.

• ¡Escribe dos compases de tu propio ritmo! Usa por lo menos dos **silencios de corchea.**

c.

Diferentes tipos de silencios

4. Copia cada **silencio**. Luego conéctalo con su nombre correcto.

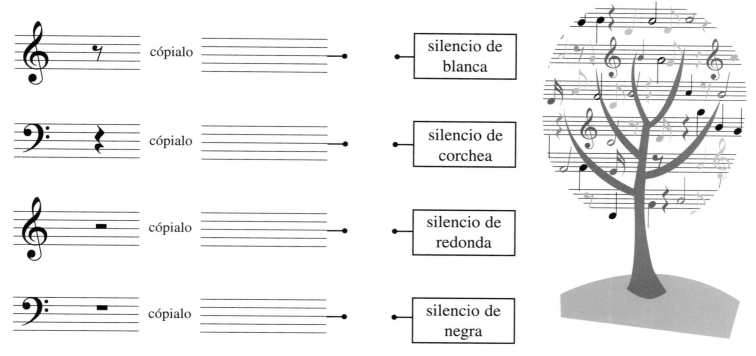

silencio de blanca

silencio de corchea

silencio de redonda

silencio de negra

5. Observa los signos de compás. Dibuja **un solo silencio** para completar cada compás.

Tu profesor tocará el ejemplo **a** o **b**. Encierra en un círculo el ritmo que oyes.

Nota para el profesor: cuente un compás "al aire" antes de tocar (por ej. "un y dos y tres y cuatro"). Los ejemplos se pueden tocar varias veces.

La negra con puntillo

• Junto con tu profesor, marca el siguiente ritmo sobre la tapa cerrada del piano.

a.

Un (y) dos y   un (y) dos y   un (y) dos y   un (y) dos (y)

• Ahora **conecta con una ligadura** la primera corchea a la negra anterior. Siente la corchea ligada en el segundo tiempo.

b.

Un (y) dos y   un (y) dos y   un (y) dos y   un (y) dos (y)

En el siguiente ritmo, un **puntillo** reemplaza la **corchea ligada** del ritmo anterior.
• Siente el puntillo en el segundo tiempo. Los ritmos **b** y **c** deben sonar *exactamente* igual.

c.

Un (y) dos y   un (y) dos y   un (y) dos y   un (y) dos (y)

¡Quiero negras con puntillo!

Tonalidad de _____ mayor

Brillante (♩ = 104-126)   **Villancico tradicional**

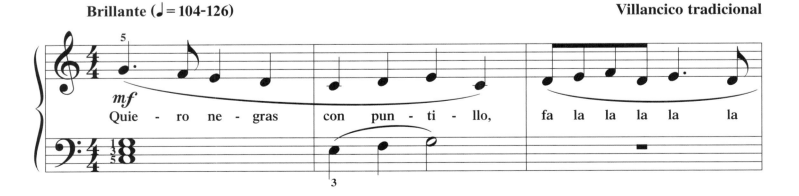

mf Quie - ro ne - gras con pun - ti - llo, fa la la la la la

Esta melodía fue creada hace más de 250 años y su origen sigue siendo un misterio. Se ha dicho que originalmente fue un himno militar suizo, o que fue escrita por compositores como el inglés John Bull o el francés Jean-Baptiste Lully.

En el siglo XVIII se volvió muy popular en el Reino Unido y desde entonces es el himno nacional de ese país. Ha sido usada como himno nacional en por lo menos siete países más, incluidos Dinamarca, Prusia y Lichtenstein. Beethoven y Haydn también la han usado en algunas de sus obras.

Dios salve a la reina

- Tu profesor te mostrará cómo tocar este **arpegio de SOL mayor con cruce de manos**.

Tradicional

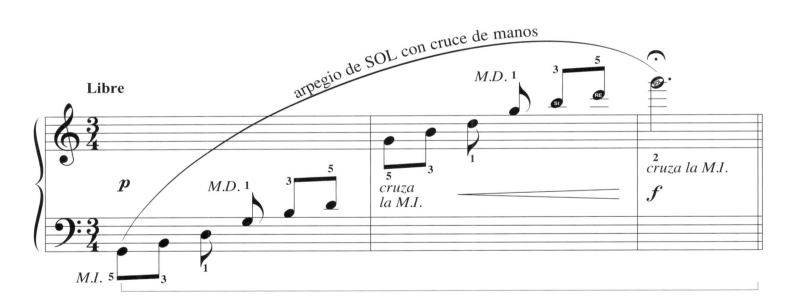

¿Qué es un cifrado?

(repaso del Nivel 3)

1.

El cifrado de una canción es cuando aparecen los nombres de los acordes encima de la melodía escrita en clave de SOL.

2.

Consejos para practicar la página 63:

- Primero practica la melodía hasta que la puedas tocar con facilidad. Tu profesor puede tocar los acordes de la M.I.
- Luego toca solamente los acordes con la M.I., practicando los cambios de posición. Tu profesor puede tocar la melodía.
- Finalmente, ¡toca la melodía y el acompañamiento juntos!

Ejercicio de calentamiento con acordes

62

Esta melodía es un villancico tradicional de España, que posteriormente se convirtió en una canción de cuna.

Nanita, nana

RE menor

Tradicional

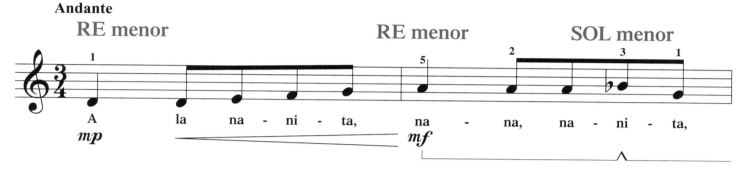

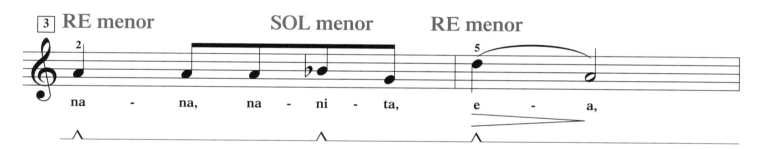

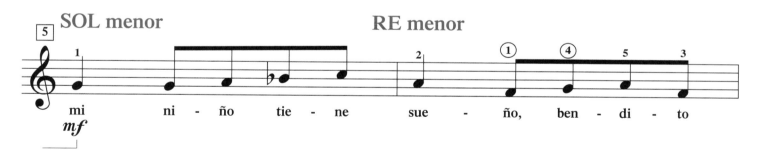

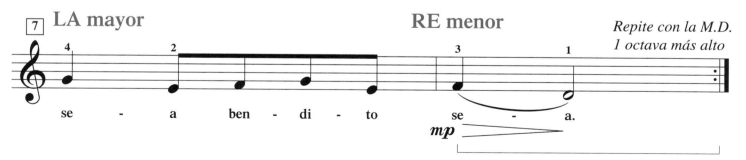

CREACIÓN Crea tu propio final para *Nanita, nana*. Puedes utilizar alguna de estas ideas:

1. Toca un **arpegio con cruce de manos de RE menor** ascendiendo por el teclado. O...
2. Repite el último compás varias veces, tocando con la M.D., *1 octava más alto* en cada repetición.

Ritmos para las dos manos

1. Marca estos ritmos sobre la tapa cerrada del piano.
Tu profesor te puede pedir que lo hagas en
3 tiempos diferentes: _____ ♩ = 88 _____ ♩ = 108 _____ ♩ = 120

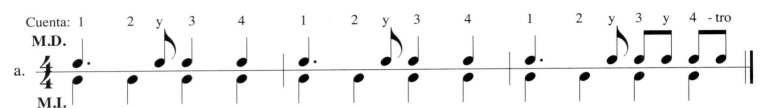

Ahora, ¿cuál de las dos manos toca la negra con puntillo?

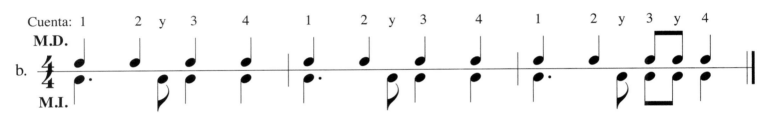

Bloques rítmicos de negras con puntillo

2. Completa los bloques rítmicos vacíos.
Usa el patrón ♩. ♪ en cada uno.
Nota: los ejemplos te darán algunas ideas.

- Primero lee cada melodía a primera vista.
- Luego armonízala escribiendo **RE menor** o **SOL menor** sobre cada compás.
- Toca cada melodía con acompañamiento de acordes en la M.I.

Canción de la nanita

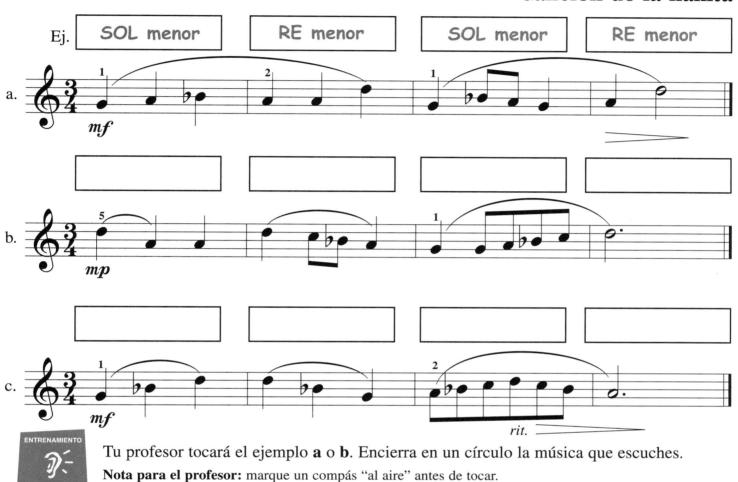

Tu profesor tocará el ejemplo **a** o **b**. Encierra en un círculo la música que escuches.

Nota para el profesor: marque un compás "al aire" antes de tocar.
Los ejemplos se pueden tocar varias veces.

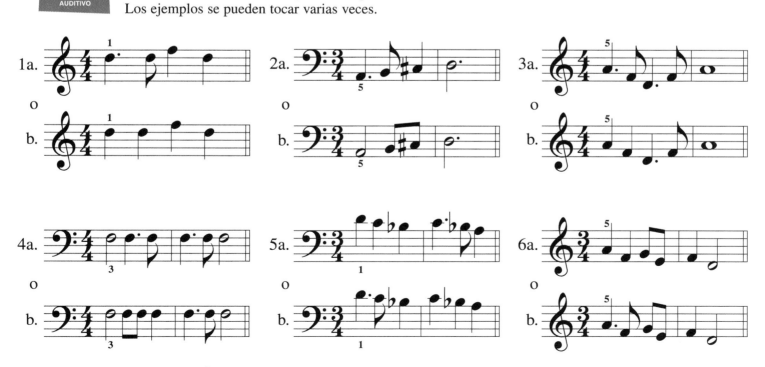

Punto extra: ¡ahora TÚ intenta ser el profesor!

Toca el ejemplo **a** o **b** para que tu profesor elija la respuesta.

Los acordes básicos

I	IV	V7
("primero")	("cuarto")	("quinto siete")

- Escribe el símbolo correcto.

("primero")	("cuarto")	("quinto siete")

Estos son los tres acordes básicos, los acordes más importantes que se usan con la escala mayor.
Se construyen sobre el grado 1, el grado 4 y el grado 5 de la escala.

grado 1	**grado 4**	**grado 5**
I	**IV**	**V7**

Reconocimiento de acordes

1. Mira el pentagrama de arriba. Escucha mientras tu profesor toca los acordes de I, IV y V7 en la tonalidad de DO mayor.

2. Ahora mira el teclado mientras tu profesor toca alguno de los acordes.
   Di "**primero**", "**cuarto**" o "**quinto 7**", dependiendo de lo que escuches.

- Practica *Saltos con acordes* diciendo la letra en voz alta.

Saltos con acordes

Tonalidad de DO mayor

DESCUBRIMIENTO

Escribe los nombres de las notas del acorde de **I**. ____ ____ ____

Escribe los nombres de las notas del acorde de **IV**. ____ ____ ____

Escribe los nombres de las notas del acorde de **V7**. ____ ____ ____ ____

¿Viste cuántos saltos tuvo que hacer la M.I. en *Saltos con acordes*?
Si cambiamos el orden de las notas, podemos tocar los mismos acordes más fácilmente.

Para tocar más fácilmente el acorde de IV con la M.I.:
- El dedo 5 se queda en la escala de 5 dedos
- El dedo 2 se queda en la escala de 5 dedos
- El pulgar **SUBE un tono entero**

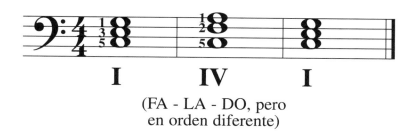

(FA - LA - DO, pero
en orden diferente)

- Escribe **I**, **IV** o **V7** en cada compás.
- ¿Puedes encontrar dos alteraciones?
  (revisa la página 43).

El *blues* del acorde perezoso

Tonalidad de DO mayor

Lento (♩ = 76-84)

¡Mide los acordes de I, IV y V7!

1. • Marca las *barras de compás* de acuerdo a los signos de compás.

• Marca cada acorde nuevo como **I**, **IV** o **V7**. Luego lee los ejercicios a primera vista.

Arpegios perezosos

2. Cada compás es un patrón de *arpegios*, o "*acordes quebrados*".

• Escribe **I**, **IV** o **V7** en la hamaca debajo de cada ejemplo.

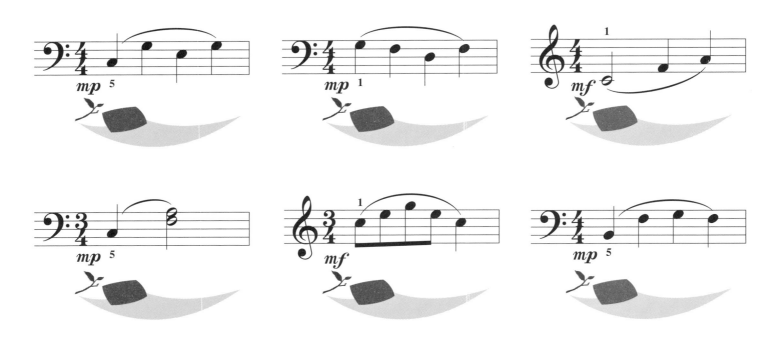

Tonalidad de DO mayor: armonización con el acorde de IV

El acorde de **IV** también se puede usar para armonizar melodías.

Regla de armonía: usa el acorde de **IV** para los grados 1-4-6.

melodía

grados: 1 - 4 - 6

armonía

Los segadores

Una melodía del "viejo mundo"

- Toca la melodía con la M.D. ¡Observa la digitación!
- Escribe **I**, **IV** o **V7** en los cuadros.
- Toca la melodía con acompañamiento de acordes en la M.I.

**François Couperin
(1668–1733, Francia)**

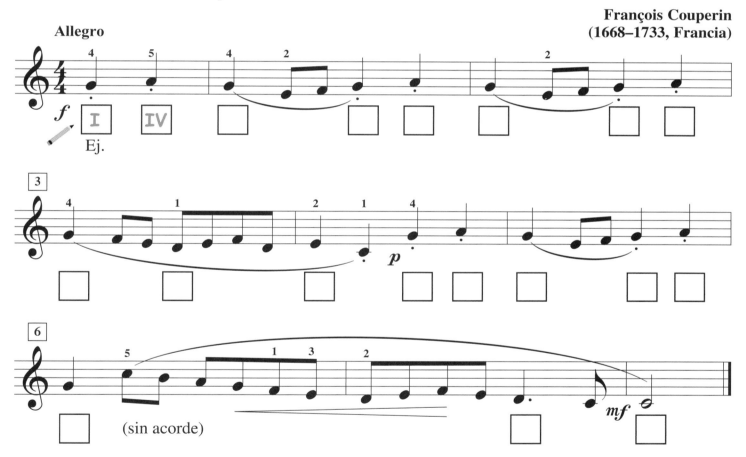

 Cierra los ojos y *escucha.* Tu profesor tocará el ejemplo **a** o **b**.
Abre los ojos y encierra en un círculo el acorde que oíste.
Luego cambien de papel: tú toca los acordes para que tu profesor los reconozca.

1a.	**I V7 I**	2a.	**I V7 V7 I**	3a.	**I IV I IV**
o		o		o	
b.	**I IV I**	b.	**I V7 I V7**	b.	**I IV IV I**

69

Tema de la Sinfonía del Nuevo Mundo*

Ejercicio de calentamiento para la M.I.:

* Toca solamente la parte de la M.I. hasta el *compás 8.*

* Luego toca con ambas manos y con pedal.

Antonín Dvořák
(1841–1904, Bohemia,
hoy República Checa)
adaptación

Con grandeza (♩=80-88)

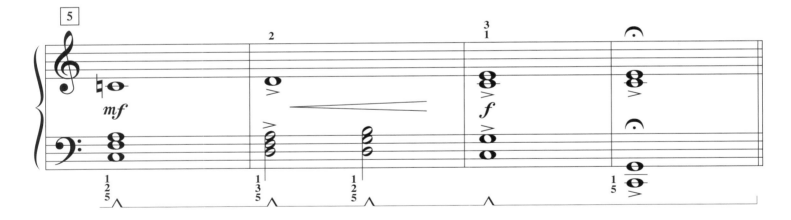

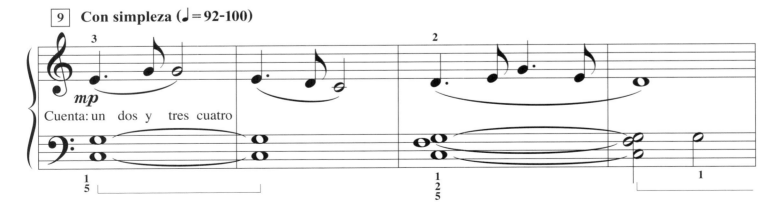

---

* El compositor checo Dvořák escribió este famoso tema para su *Sinfonía No. 9,* o *Sinfonía del Nuevo Mundo.* En este caso, el término "Nuevo Mundo" se refiere a América del Norte a finales del siglo XIX.

- Puedes terminar aquí para un final suave y apacible.

- También puedes repetir los *compases 1–8* para un final grandioso.

- ¿Cuál de los dos finales te gusta más?

Acordes de I, IV y V7 en SOL mayor

- Nombra los acordes en voz alta al tocarlos. Observa la digitación.
  Practica y memoriza los acordes de **I**, **IV** y **V7** en SOL mayor.

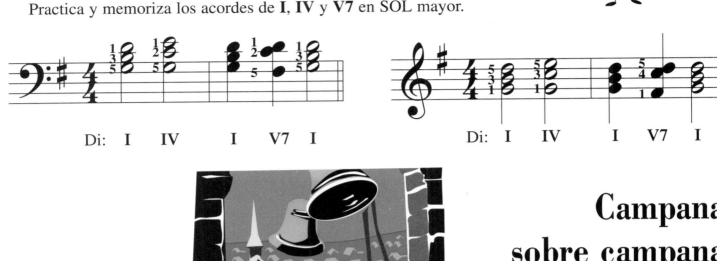

Di: I   IV   I   V7   I   Di: I   IV   I   V7   I

Campana sobre campana

Tradicional

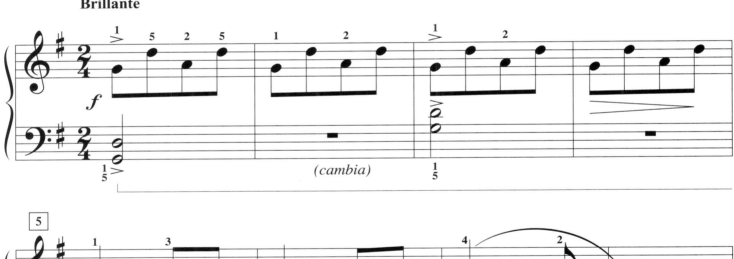

Brillante

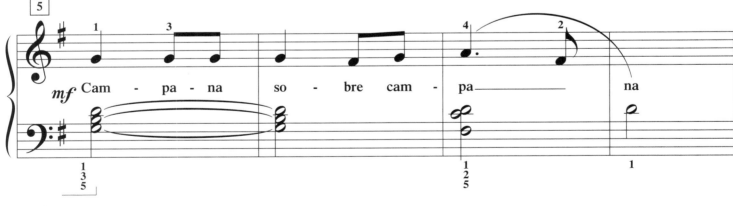

(cambia)

🖊 Técnica e interpretación, página 45

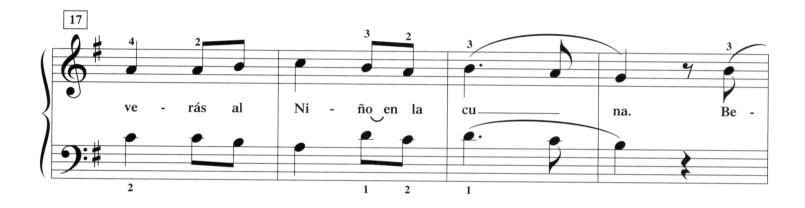

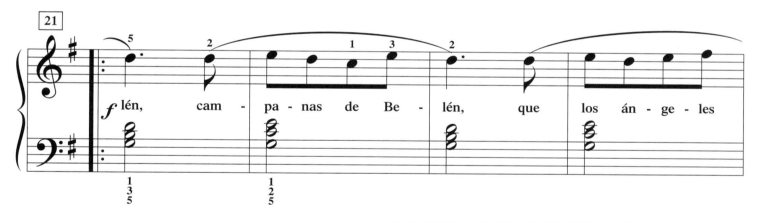

DESCUBRIMIENTO

Señala tres acordes de **I**.
Señala tres acordes de **V7**.
Señala tres acordes de **IV**.

Acordes de campanas

1. Escribe la letra de cada serie de acordes en la campana correspondiente.

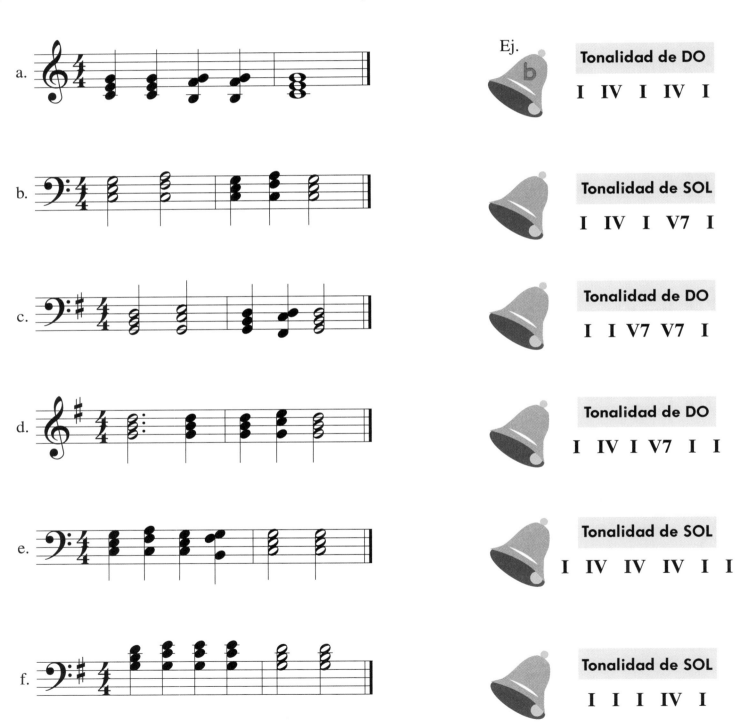

Ej.

Tonalidad de DO

I IV I IV I

Tonalidad de SOL

I IV I V7 I

Tonalidad de DO

I I V7 V7 I

Tonalidad de DO

I IV I V7 I I

Tonalidad de SOL

I IV IV IV I I

Tonalidad de SOL

I I I IV I

2. Con la M.I., toca cada serie de acordes leyendo los **símbolos** a la derecha.

Tonalidad de SOL mayor: armonización con el acorde de IV

Repaso: usa el acorde de **IV** para los grados 1-4-6.

melodía

grados: 1 - 4 - 6

armonía

1.
- Toca la melodía con la M.D. ¡Observa la digitación! Copia los *compases 1–4* en los *compases 9–12*.
- Escribe **I**, **IV** o **V7** en los cuadros.
- Toca la melodía con acompañamiento de acordes en la M.I.

Minuet en SOL mayor

(del *Pequeño libro de Anna Magdalena Bach*)

Christian Pezold
(1677–1733, Alemania)

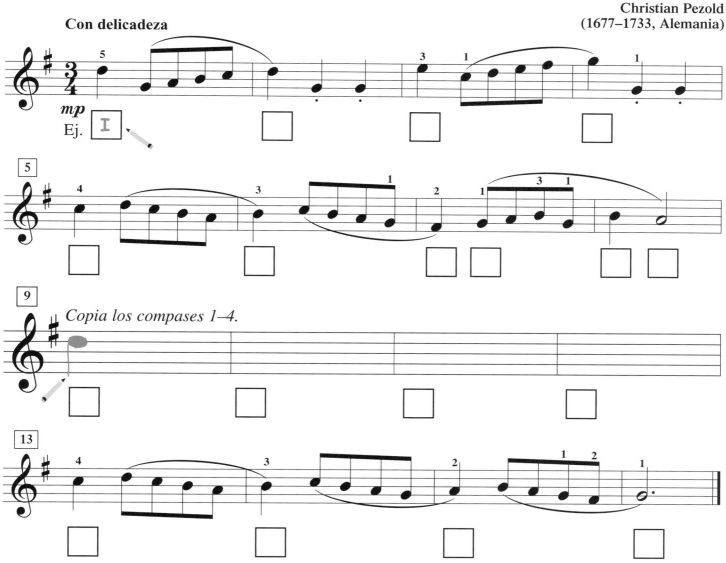

2. ¿Puedes transponer esta melodía a la tonalidad de **DO mayor**?
¿Puedes tocarla con los acordes de I, IV y V7?

Nuevo matiz:

pp — *pianissimo*

Pianissimo significa muy suave, más suave que *piano*.

En esta pieza, las notas de los acordes de **I**, **IV** y **V7** se tocan como *arpegios*, o "*acordes quebrados*".

La combinación de los arpegios con el pedal crea un sonido tranquilo y ondeante.

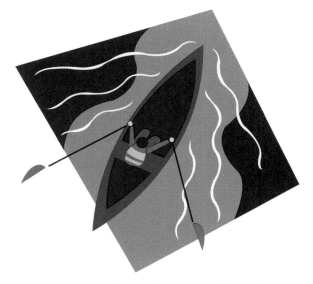

- Dibuja la **armadura** en cada línea de música.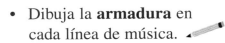

Remando bajo la luna

Tonalidad de _____ mayor

Flotando suavemente (♩ = 76-88)

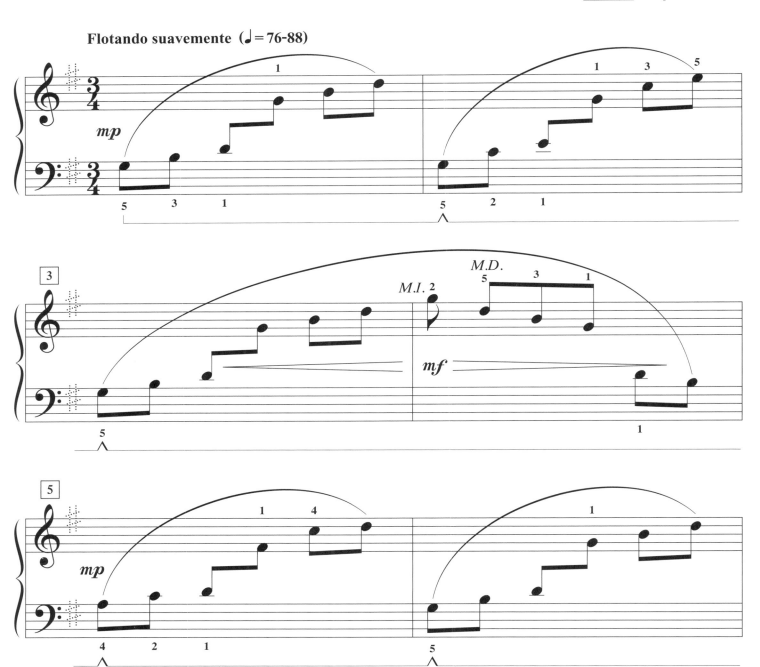

Técnica e interpretación, páginas 46–47

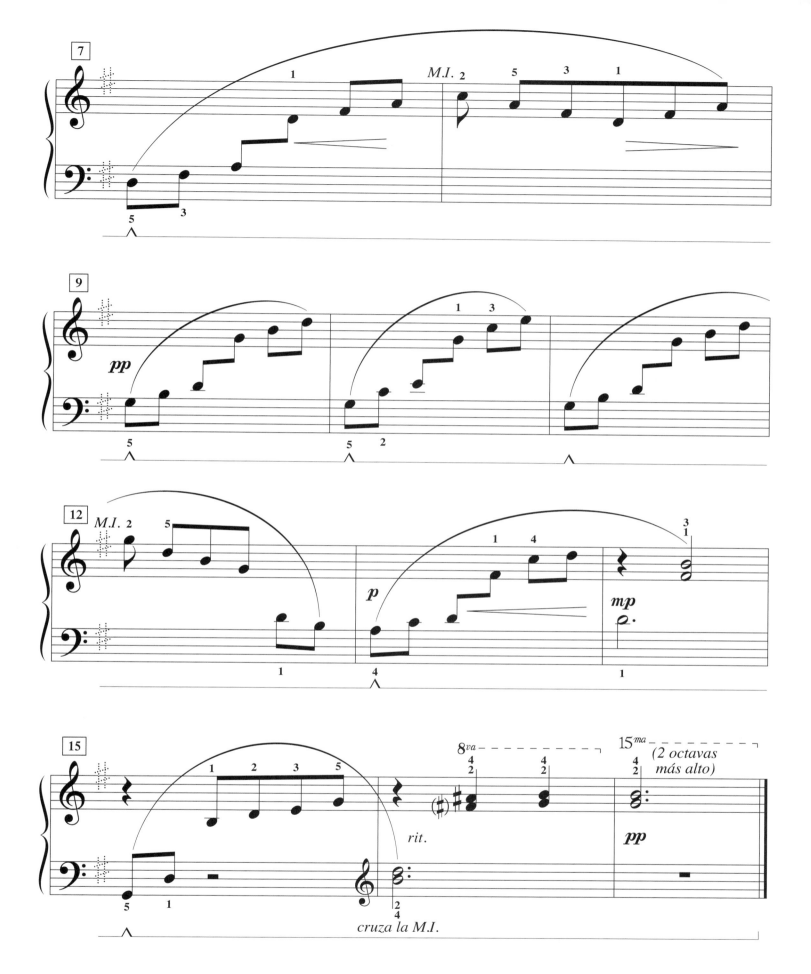

CREACIÓN Crea tu propia pieza con arpegios en **SOL mayor**. Usa arpegios de **I**, **IV** y **V7**.
La puedes llamar "Ondas de agua", o inventarte otro título.

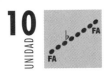

La escala de FA mayor

escala de 5 dedos de FA mayor — 2 notas nuevas

FA SOL LA SI♭ DO RE MI FA

resuelve

tónica
1er grado

dominante
5to grado

sensible
7mo grado

tónica
1er grado

En la tonalidad de FA:

¿Qué nota es la **tónica**? _____

¿Qué nota es la **dominante**? _____

¿Qué nota es la **sensible**? _____

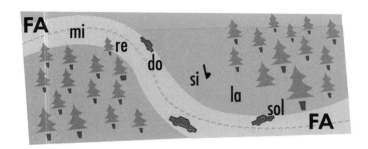

En la **armadura** de FA mayor hay un bemol: SI♭.

• Encierra en un círculo la armadura en la siguiente pieza.

1. El pulgar viajero

Estable (♩ = 112-132)

pulgar por debajo

M.D.

mf

Pul - gar de - trás, cam - bio al FA.

cruce

Ba - jo al DO, cru - zo al FA.

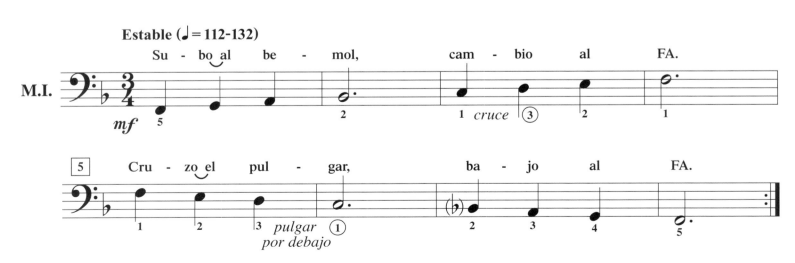

Estable (♩ = 112-132)

Su - bo al be - mol, cam - bio al FA.

M.I.

mf

cruce

Cru - zo el pul - gar, ba - jo al FA.

pulgar por debajo

DESCUBRIMIENTO Tu profesor te pedirá que encuentres en el piano la **tónica**, la **dominante** o la **sensible** de FA mayor.

2. Una mano, 8 dedos

- ¡**Memoriza** la digitación!

Estable

Por - de - ba - jo   sua - ve - men - te,   lue - go ba - jo y   cru - zo al FA.

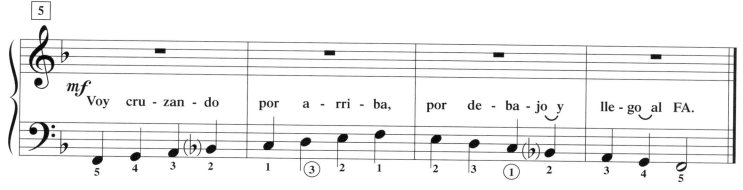

Voy cru - zan - do   por a - rri - ba,   por de - ba - jo y   lle - go al FA.

Opcional: ♩ = 80 ____   ♩ = 104 ____   ♩ = 138 ____

3. Gran ejercicio de calentamiento en FA mayor

- Toca siete escalas de FA mayor comenzando en siete FAs *diferentes*, **subiendo** y **bajando**.

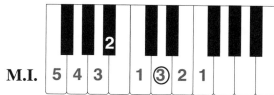

4. **Cambia a la M.D. en el siguiente FA.** ¡Sigue repitiendo el patrón, subiendo por el teclado!

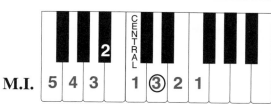

¡Continúa con la M.D.!

M.D. 1 2 3 ① 2 3 4

M.I. 5 4 3 1 ③ 2 1

3. Levanta la M.I. y repite comenzando en el *siguiente* FA.

M.I. 5 4 3 1 ③ 2 1

2. Levanta la M.I. y comienza una octava más alto, en el siguiente FA. Toca la escala subiendo y bajando.

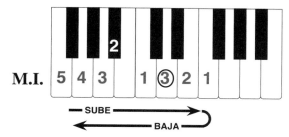

M.I. 5 4 3 1 ③ 2 1

── SUBE ──
── BAJA ──

1. Con la **M.I.**, comienza en el FA MÁS BAJO y toca una escala de FA mayor *subiendo* y *bajando*.

Escucha y trata de mantener un pulso estable y un sonido parejo.

Marcha turca

(de la ópera *Las ruinas de Atenas*)

Ejercicio preparatorio para la tonalidad

- Empezando en el *compás 4,* dibuja los **SI bemoles** al comienzo de cada línea de música.

Ludwig van Beethoven
(1770–1827, Alemania)
adaptación

Con espíritu (♩ = 112-132)

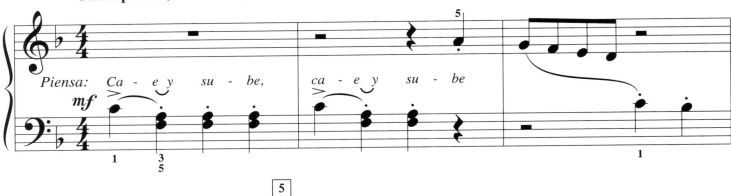

Piensa: *Ca - e y su - be, ca - e y su - be*

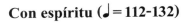

5

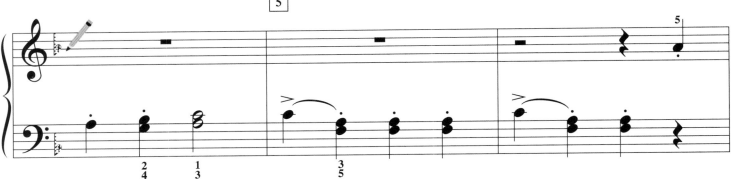

Acompañamiento para el profesor (el alumno toca *1 octava más alto*):

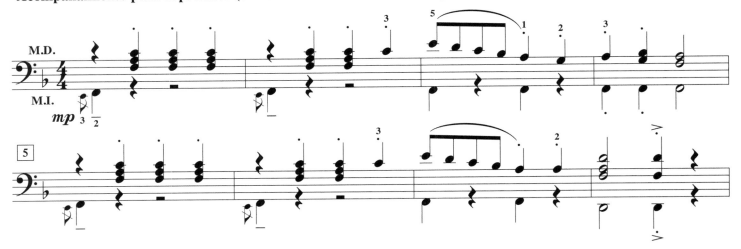

Beethoven escribió esta *Marcha turca* para la ópera *Las ruinas de Atenas*.
En la ópera la diosa Minerva ha estado dormida durante 2000 años.
Al despertar se entera de que en Atenas la música y el arte han desaparecido,
y el Partenón está en ruinas, destruido por un ejército invasor. Esta historia
destaca la importancia de cultivar y preservar las artes en la sociedad.

¿Puedes encontrar la alteración que escribió Beethoven en esta marcha?

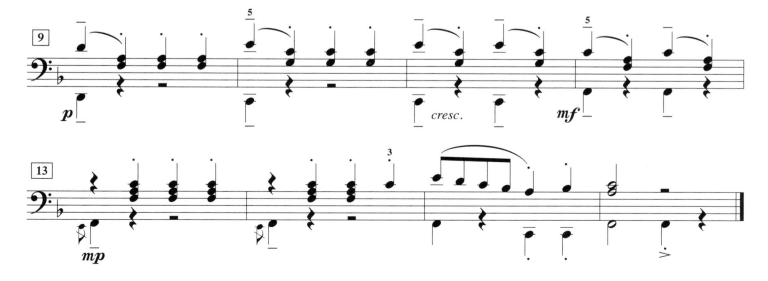

Acordes de I, IV y V7 en FA mayor

- Di los nombres de los acordes en voz alta al tocarlos. Observa la digitación.
  Practica y memoriza los acordes de **I**, **IV** y **V7** en FA mayor.

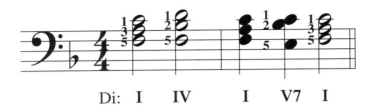

Di: I IV   I V7 I

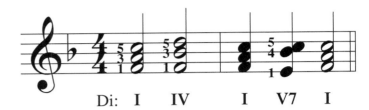

Di: I IV   I V7 I

R I T M O

Sonidos latinos

Lectura de símbolos de acordes

- Toca estos acordes en FA mayor,
  primero con la M.I. y luego con la M.D.   I   I   IV   IV   I   V7   I

- Dibuja la **armadura** en cada línea de música.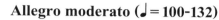

Aria
(de la *Cantata campesina*)

Johann Sebastian Bach
(1685–1750, Alemania)
adaptación

Allegro moderato (♩ = 100-132)

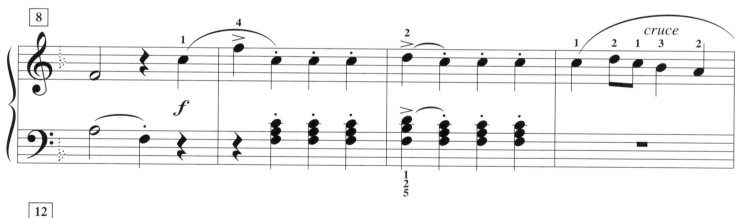

DESCUBRIMIENTO

La primera *frase* musical dura cuatro compases.
Encuentra dos lugares más donde aparece la misma frase.

Construye la escala de FA mayor

SE HABLA
EL LENGUAJE DE
LAS ESCALAS

1. Completa el texto escribiendo las palabras que faltan en los espacios.

La escala de FA mayor contiene 7 intervalos (_____ y _____).

Los semitonos están entre los grados ____ y ____ y los grados ____ y ____ .

Todos los demás intervalos son _____ .

2. • Escribe una escala de FA mayor en cada clave. Escribe los números de los grados de 1 a 8.

• Usa ∨ para señalar los *semitonos*. Usa ⌐⌐ para señalar *los tonos*.

grados: 1 __ __ __ __ __ __ __

grados: 1 __ __ __ __ __ __ __

3. • En FA mayor la **tónica** es _____ , la **dominante** es _____ y la **sensible** es _____ .

• Encierra en círculos las siguientes notas en cada ejemplo:

2 notas de tónica   2 notas de dominante   1 sensible

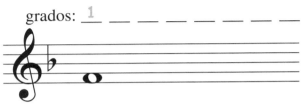

¡Improvisemos en FA mayor!

4. Primero escucha cómo tu profesor toca el acompañamiento. Luego improvisa una melodía usando las notas de la escala de FA mayor **en cualquier orden**. ¡No olvides el **SI♭**! Algunas ideas:

1. Toca algunos acordes y arpegios de FA mayor y RE menor.

2. Toca notas repetidas sobre la *tónica*, la *dominante* y la *sensible*.

3. Inventa patrones musicales cortos y repítelos más alto o más bajo.

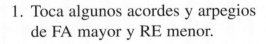

Ej. patrón en FA   patrón en RE

Acompañamiento para el profesor (el alumno improvisa en el *registro agudo* en la escala de FA mayor):

Rock moderado   *Repetir ad lib.*

Tonalidad de FA mayor: armonización con acordes de I, IV y V7

1.
- Primero toca la melodía con la M.D.
- Luego escribe **I**, **IV** o **V7** en cada cuadro.

  Nota: el grado 4 de la escala (SI♭) es una nota que los acordes de IV y V7 tienen en común. ¡Confía en tu oído!

- Toca la melodía con acompañamiento de acordes en la M.I.

¡Adivina la canción!

_____

2. ¿La forma musical de esta pieza es **AB** o **ABA**? _____ Marca las secciones en la partitura.

3. ¿Puedes transponer la melodía y los acordes un tono arriba, a **SOL mayor**?

Acompañamiento para el profesor (el alumno toca en el *registro agudo*):

Esta pieza proviene de Escocia y se relaciona especialmente con la celebración del Año Nuevo. *Auld Lang Syne* significa "Por los viejos tiempos".

- Escribe **I**, **IV** o **V7** en los cuadros debajo de los acordes.

Auld Lang Syne

Tonalidad de _____ mayor

Tradicional

Lento, con expresión (♩ = 80-96)

cruza la M.I.

Acompañamiento para el profesor (el alumno toca *1 octava más alto*):

mp con pedal

✍Técnica e interpretación, páginas 50–57

Diploma de Piano Adventures®

Felicitaciones a:

_____

(Escribe tu nombre)

Has terminado el Nivel 4
y estás listo para el Nivel 5.

**LECCIONES
Y TEORÍA**   **TÉCNICA
E INTERPRETACIÓN**

Profesor:_____

Fecha:_____